Jiangsu Urban
Development Report 2015

江苏省城市
发展报告

2015

内容提要

本书整体评价了 2000 年至 2014 年江苏省城镇化和城乡发展一体化的基本情况，分析了江苏省城镇化进程、城镇体系格局、区域空间利用特征，以及城市住房、基础设施、园林绿化、绿色建筑等人居环境改善情况。从全省、市县两个层面，客观进行了经济、社会、文化、宜居等城市发展相关指标统计分析，指出了市县城市发展质量特征。书中专题汇总了 2000 年以来江苏省推进城市发展的有关重大工程事项。

本书提出了可统计的城市发展指标体系，涵盖了经济可持续、社会文明、文化繁荣、宜居城市和城市治理五个方面的指标，对于认识江苏省的城市发展客观规律具有一定的参考价值，可供城乡规划、城市管理等领域的高等院校师生、科研单位研究人员以及政府管理部门人员参考。

图书在版编目（CIP）数据

江苏省城市发展报告. 2015/ 江苏省住房和城乡建设厅等著. —南京：东南大学出版社，2016.12
 ISBN 978-7-5641-6877-3

Ⅰ. ①江… Ⅱ. ①江… Ⅲ. ①城市建设–研究报告–江苏–2015 Ⅳ. ① F299.275.3

中国版本图书馆CIP数据核字（2016）第 294419 号

江苏省城市发展报告（2015）

著　　者	江苏省住房和城乡建设厅 江苏省推进城镇化工作联席会议办公室 江苏省城市科学研究会 江苏省城镇化和城乡规划研究中心
出版发行	东南大学出版社
社　　址	南京市四牌楼 2 号　（邮编：210096）
出 版 人	江建中
责任编辑	张新建
经　　销	全国各地新华书店
印　　刷	江苏扬中印刷有限公司
开　　本	889mm×1194 mm　1/16
印　　张	6.75
字　　数	150 千
版　　次	2016 年 12 月第 1 版
印　　次	2016 年 12 月第 1 次印刷
书　　号	ISBN 978-7-5641-6877-3
定　　价	60.00 元

本社图书若有印装质量问题，请直接与营销部联系，电话：025-83791830。

《江苏省城市发展报告 2015》编写人员

编委会

主　　任　周　岚　顾小平

副 主 任　张　鑑

编　　委　施嘉泓　顾振东　范信芳　李　强　曹云华　曹达双　何伶俊
　　　　　　韩秀金　唐宏彬　朱东风　王守庆　漆贯学　陈小卉

主　　编　周　岚　顾小平

副 主 编　张　鑑

执行主编　陈小卉

编写人员　郑文含　刘　剑　何常清　胡剑双　许　景　邵玉宁　杨红平
　　　　　　孙华灿　毕　波　钟　睿

　　本书编写过程中,江苏省政府研究室、发展和改革委员会、经济和信息化委员会、教育厅、科学技术厅、公安厅、民政厅、财政厅、人力资源和社会保障厅、国土资源厅、交通运输厅、水利厅、农业委员会、商务厅、文化厅、卫生和计划生育委员会、环境保护厅、安全生产监督管理局、统计局、知识产权局、林业局、通信管理局等部门给予了大力支持,并提供相关资料,在此一并致以诚挚的谢意。

前　言

　　自 2000 年江苏省委省政府召开全省城市工作会议以来，城市化战略作为推进经济社会发展的"五大战略"之一，推动了全省城市快速发展，提升了全省城镇化发展水平。2014 年 12 月，习近平总书记到江苏视察时作出了"努力建设经济强、百姓富、环境美、社会文明程度高的新江苏"的重要指示，对提升江苏城市发展质量、建设美丽宜居新江苏提出了新的要求。2015 年 12 月，中央城市工作会议召开，指出"必须认识、尊重、顺应城市发展规律"，明确了"建设和谐宜居、富有活力、各具特色的现代化城市"的总体要求。为深入贯彻习总书记对建设新江苏工作的重要指示精神，落实中央城市工作会议要求，持续加强全省城市发展进程监测，认识江苏城市发展规律，省住房和城乡建设厅组织编制了《江苏省城市发展报告 2015》。

　　本报告综合评价了 2000 年至 2014 年全省城镇化和城乡发展一体化情况，重点关注了城市群和城市功能品质等内容，从经济、社会、文化、宜居等方面分析了全省各市县城市发展指标，专题汇总了 2000 年以来江苏省政府推进的城市发展重大工程事项。

　　本报告中综合篇、指标篇的数据基准年为 2014 年。数据未特别注明的，分别来源于中国统计年鉴、江苏省统计年鉴、江苏省交通统计年鉴、江苏省环境状况公报、江苏省水资源公报、江苏省城市（县城）建设统计年报、江苏省村镇建设统计年报等。

目 录

综合篇		1
一、城镇化和城乡发展一体化	1. 城镇化水平稳步提升	2
	2. 城镇体系不断优化	4
	3. 城乡发展一体化进程加速	6
	4. 生态文明建设扎实推进	7
二、区域空间发展	1. 城市群	9
	2. 特色发展地区	19
	3. 三大区域	21
三、城市功能品质	1. 城市环境	24
	2. 风景园林	27
	3. 历史文化保护	30
	4. 绿色生态城区	35
	5. 住房建设	43
	6. 基础设施	45
	7. 公共服务	48
	8. 城市安全	50
	9. 城市治理	51

指标篇　　53

一、全省城市发展指标　　54

二、设区市城市发展指标

1. 经济可持续　　56
2. 社会文明　　57
3. 文化繁荣　　58
4. 宜居城市　　59
5. 城市治理　　60

三、县（市）城市发展指标

1. 经济可持续　　61
2. 社会文明　　63
3. 文化繁荣　　65
4. 宜居城市　　67

专题篇　　71

一、省级空间规划引领　　72
二、优化镇村布局规划　　78
三、历史文化保护　　81
四、城市环境综合整治　　84
五、村庄环境整治　　87
六、绿色建筑与建筑节能　　90
七、城乡统筹区域供水　　93
八、污水治理建制镇全覆盖　　96
九、城乡垃圾统筹与无害化处理　　98

01

Synthesis

综合篇

◇ 城镇化和城乡发展一体化
◇ 区域空间发展
◇ 城市功能品质

一、城镇化和城乡发展一体化

1. 城镇化水平稳步提升

江苏省城镇化起步早、发展快，历届省委、省政府始终高度重视城市建设工作，在不同发展时期适时提出了切合实际的阶段目标和与之相适应的战略举措，全省先后经历了以苏南乡镇工业驱动的小城镇快速发展、以外向型经济和开发区建设驱动的大中城市加快发展、以新型城镇化和城乡发展一体化为引领的全面提升城乡建设水平的三个发展阶段。

一是以苏南乡镇工业驱动的小城镇快速发展阶段。1978年，江苏的城镇化率仅为13.7%，比全国平均水平低约4个百分点；全省100万人以上的城市仅南京1个，大部分城市在20万人以下。在"小城镇、大战略"的"苏南模式"带动下，江苏城镇化水平不断提升，1999年全省城镇化水平已与全国平均水平基本持平，达到34.9%，全省城镇密度达到90个/万平方公里。

二是以外向型经济和开发区建设驱动的大中城市加快发展阶段。2000年，省委省政府召开全省城市工作会议，提出了"大力推进特大城市和大城市建设，积极合理发展中小城市，择优培育重点中心镇，全面提高城镇发展质量"的城市化方针，并把城市化战略确定为推进经济社会发展的"五大战略"之一，成为全国首批提出并实施城市化战略的省份之一，推动全省城镇化进入加速发展期。这一时期，工业化与城市建设相互促进，成为了推动江苏城镇化发展的主导力量。各地政府大力兴办开发区，先后建设了68个省级开发区，形成了开放型经济、民营经济、园区经济、外资经济、新兴产业等百业兴旺、百舸争流的可喜局面。全省城镇化率从2000年的41.5%增加到2010年的60.6%，全省50万人以上城市数量从2000年的9个增加到2010年的17个。

三是以新型城镇化和城乡发展一体化为引领全面提升城乡建设水平阶段。2011年，全省召开城乡建设工作会议，提出实施"美好城乡建设行动"，具体包括城乡规划引导、村庄环境整治、城镇功能品质提升和节约型城乡建设四项行动计划，引领提升城乡建设水平。中央城镇化工作会议之后，江苏出台了《江苏省新型城镇化和城乡发展一体化规划（2014—2020年）》。

全省城镇化发展主要历程（1978—2014年）

总体而言，改革开放以来，全省城镇化呈现出进程快、密度高、质量持续提升的特征。截至2014年底，全省常住人口7960.06万人，城镇化率为65.2%，高出全国10.4个百分点；比较2000年，全省城镇人口增加2149.95万人，城镇化率提高了23.7个百分点，年均增长1.69个百分点，增幅为全国所有省份最快[①]。

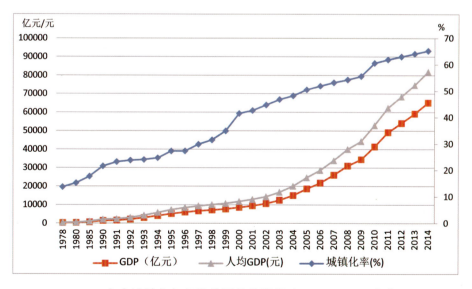

全省城镇化与经济发展总体进程（1978—2014年）

---

① 2000—2014年全国城镇化率年均增长1.33个百分点，江苏、浙江、广东、山东和福建年均增长分别为1.69、1.16、0.93、1.21、1.41个百分点。

2. 城镇体系不断优化

以深化实施全省城镇体系规划为抓手，全省逐步形成大中小城市和各类城镇协调发展的格局。截至2014年底，全省100万人以上城市12个，50万—100万人城市7个，大部分城市人口超过20万人，50万人以上城市密度全国最高[①]。

城镇人口向特大、大城市快速集聚。2000—2014年，特大城市、大城市人口规模增长了1748.13万人，吸纳了新增城镇人口的81.3%。2010—2014年特大城市、大城市人口占全省城镇人口比例由21.3%提升至46.2%。特大城市、大城市的发展是全省人口城镇化的主要动力。

乡镇规模集聚度有所提高，2000—2014年，建制镇（不包含县城城关镇和纳入城市建设用地范围的镇）数量由1123个减少到740个，镇区平均人口规模由0.97万人增长到1.74万人。

全省城镇规模结构变化

	城镇数量（个）		城镇人口			
			数量（万人）		占比（%）	
	2000年	2014年	2000年	2014年	2000年	2014年
特大城市	0	1	0	599.65	0	11.6
大城市	4	11	648.11	1796.59	21.3	34.6
中等城市	5	7	354.26	498.3	11.7	9.6
小城市	62	38	953.22	1009.8	31.3	19.4
建制镇	1123	740	1085.22	1286.42	35.7	24.8
合计	1194	797	3040.81	5190.76	100	100

注：按国发〔2014〕51号《国务院关于调整城市规模划分标准的通知》，特大城市城区常住人口500万人以上1000万人以下，大城市城区常住人口100万人以上500万人以下，中等城市城区常住人口50万人以上100万人以下，小城市城区常住人口50万人以下。建制镇不包含县城城关镇和纳入城市建设用地范围的镇。

数据来源：江苏省城市（县城）建设统计年报、各城市总体规划。

[①] 2014年，江苏、浙江、广东、山东50万人以上城市密度分别为1.75、0.85、0.72、1.15个/万平方公里。

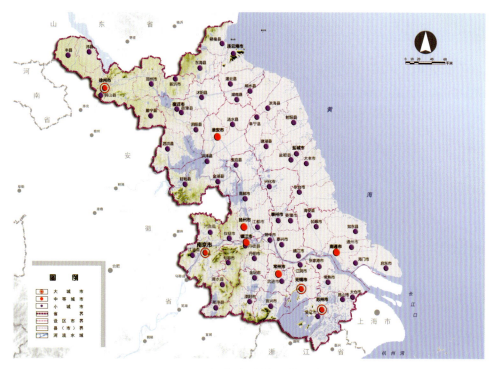

2000年全省城镇规模分布

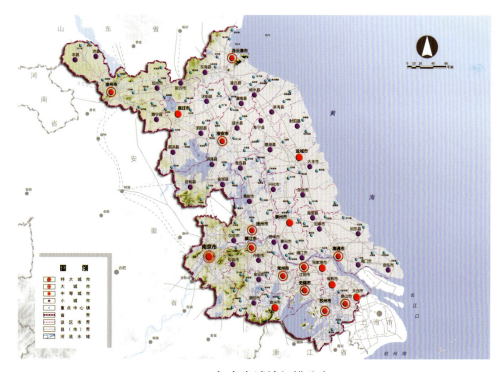

2014年全省城镇规模分布

3. 城乡发展一体化进程加速

（1）有序推进农业转移人口市民化

省政府出台《关于进一步推进户籍制度改革的意见》（苏政发〔2014〕138号），要求在承载能力范围内尽可能放宽城镇落户条件，推动在城镇稳定就业居住的外来务工人员进入城镇落户。积极推行流动人口居住证制度，截至2014年底，徐州、常州、南通、连云港、淮安、盐城、扬州、镇江、泰州等市已全面发放居住证，全省已累计发放居住证1100万张。2014年全省新增转移农村劳动力25.72万人[①]，全省户籍人口城镇化率为60.1%[②]，常住人口城镇化率与户籍人口城镇化率相差约5.1个百分点，较上年缩小了差距。截至2014年底，全省累计转移农村劳动力1857.2万人；办理暂住证人口1681.18万人，其中来自省内占比33.2%，来自省外占比66.8%。暂住半年以上的暂住人口1145.45万人，其中暂住五年以上的占10.61%[③]。

（2）居民福祉持续改善

2014年，全省城镇常住居民人均可支配收入34346元，较上年增长8.7%；农村常住居民人均可支配收入14958元，较上年增长10.6%；城乡居民收入比2.30:1，小于全国平均水平（2.75:1），城乡居民收入差距进一步缩小。

积极推进外来务工人员参加城镇社会保险。截至2014年底，全省外来务工人员参加城镇企业职工养老、城镇职工医疗、失业、工伤保险人数分别达455万人、451万人、408万人和547万人[④]。

（3）基础设施城乡统筹建设

2014年全省新建改建农村公路5630公里、桥梁1478座。行政村客运班车通达攻坚工程基本完成，全省行政村（岛屿村除外）客运班车实现全覆盖；新增51个乡镇开通镇村公交，

---

① 数据来源：江苏省人力资源和社会保障厅，2014年江苏省人力资源和社会保障工作情况和2015年工作安排报告。
② 户籍人口城镇化率按城镇户籍人口/户籍总人口计算。
③ 数据来源：江苏省公安厅。
④ 数据来源：江苏省人力资源和社会保障厅，推进农业转移人口市民化有关情况报告。

开通率达到54.6%①。全省新增城乡统筹区域供水通水乡镇66个，新增供水能力154万立方米/日，完成18个水厂的改造，51个市、县（市）建成了第二水源、应急备用水源或实现水源互备，城乡统筹区域供水乡镇覆盖率达88%。全省新增城镇污水处理能力80万吨/日，新增城镇污水收集管网2700余公里，建制镇污水处理设施覆盖率达83%。继续推进生活垃圾无害化处理设施建设，全省新增垃圾无害化处理能力5820吨/日。全省全年完成3.8万个村庄环境整治任务，截至2014年底，全省累计完成16.6万个自然村整治任务，苏南、苏中8市已经通过全域完成整治的省级考核验收，建成了981个"环境优美、生态宜居、设施配套、特色鲜明"的省级三星级康居乡村；开展美丽乡村建设示范工作，全省107个村庄纳入美丽乡村建设示范②。

（4）城乡一体公共服务体系不断健全

初步形成覆盖城乡、联系到户、服务到人、直达到村的"15分钟公共就业服务网"。截至2014年底，全省387个街道、924个乡镇、4768个社区、16222个行政村全部建立基层人社公共服务平台，配备工作人员3.5万人，其中专职人员3.2万人，专职人员持证上岗率达80.5%；全力解决全省近90万名义务教育阶段外来务工人员随迁子女教育问题，入学率达99%以上，在公办学校就读比例达87%；全省共建成609家农民工综合服务中心，其中省级示范农民工综合服务中心46家③。

4. 生态文明建设扎实推进

环境质量持续改善。2014年全省PM2.5年均浓度较上年下降9.6%；全省地表水水质达到或优于Ⅲ类的断面比例与上年持平，劣Ⅴ类的比例减少1.2个百分点；太湖水质持续改善，太湖湖体综合营养状态指数下降到55.8，蓝藻高发区域面积和频次持续减少④。

大力削减污染物排放总量。2014年全省化学需氧量、氨氮、二氧化硫、氮氧化物排放总量分别为110万吨、14.25万吨、90.47万吨、123.26万吨，较上年分别削减4.25%、

---

① 数据来源：江苏省交通运输厅。
② 数据来源：江苏省住房和城乡建设厅。
③ 数据来源：江苏省人力资源和社会保障厅。
④ 数据来源：江苏省环境状况公报。

3.32%、3.92%、7.88%。

节约型城乡建设深入推进。2014年全省单位GDP能耗较上年下降5.92%；全省单位城镇建设用地二、三产增加值为6.96亿元/平方公里[1]，较上年提高8.41%；全省水资源利用总量和万元GDP用水量分别为480.7亿立方米和73.8立方米/万元，较上年分别降低3.6%和12.1%；新增绿色建筑约177项，面积1679万平方米，新创建10个省级示范区[2]。新增省级节水型城市3个。

全省城镇化和城乡发展一体化加速推进过程中也存在一些必须高度重视并着力解决的问题和挑战，主要是：资源约束趋紧，生态环境质量尚未根本好转；人口老龄化加快，农业转移人口市民化成本提高；区域发展不够平衡，缩小区域差距、城乡差距的任务依然艰巨。

---

[1] 数据来源：根据江苏省国土资源厅建设用地数据计算。
[2] 数据来源：根据江苏省住房和城乡建设厅、江苏省财政厅《关于省级建筑节能专项引导资金补助项目的公示》整理。新创建10个省级示范区包括1个建筑节能和绿色建筑示范区、1个绿色建筑和生态城区区域集成示范、8个绿色建筑示范城市（县、区）。

二、区域空间发展

1. 城市群

《江苏省城镇体系规划（2001—2020 年）》在全国率先提出都市圈概念，构筑全省"三圈五轴"[①]的城镇空间格局。结合江苏人口密度高、城镇密度高、经济密度高的基本省情，《江苏省城镇体系规划（2015—2030 年）》明确了构建"紧凑城镇、开敞区域"的省域空间战略，城镇空间布局优化调整为"一带两轴、三圈一极"[②]。全省形成以都市圈、城市（镇）带（轴）为主体的城镇化空间格局。

（1）都市圈地区

全省先后编制完成了《苏锡常都市圈规划》《南京都市圈规划》《徐州都市圈规划》，于2002 年获省政府批准实施[③]。在规划指导下，三大都市圈建设稳步推进，引导区域基础设施和公共服务设施共建共享，加强区域生态环境保护，建立了相邻地区的重大事项协商机制。2014 年三个都市圈以占全省 48.94% 的土地面积集聚了 74.94% 的 GDP 和 65.36% 的城镇人口，城镇化率达到 69.49%。

① 南京都市圈

2000—2014 年，南京都市圈[④]GDP 年均递增 16.08%，人均 GDP 由 1.38 万元增长至 9.65 万元；城镇化率由 55.08% 增长至 71.10%，年均增长 1.14 个百分点；城镇人口增长 391.58

[①] "三圈五轴"：全省构建三个都市圈和五条城镇轴，其中三个都市圈为南京都市圈、徐州都市圈和苏锡常都市圈，五条城镇轴为徐连城镇轴、宁通城镇轴、沪宁城镇轴、新宜城镇轴和连通城镇轴。
[②] "一带两轴、三圈一极"："一带"为沿江城市带，"两轴"为沿海城镇轴和沿东陇海城镇轴，"三圈"为南京都市圈、徐州都市圈和苏锡常都市圈，"一极"为淮安—苏北重要中心城市。
[③] 《苏锡常都市圈规划》于 2002 年 5 月 15 日获省政府批准，《南京都市圈规划》《徐州都市圈规划》于 2002 年 12 月 30 日获省政府批准。
[④] 南京都市圈，省内范围包括南京市、扬州市、镇江市以及三市所辖县（市）、盱眙县、金湖县，省外统筹协调范围包括安徽省的马鞍山市、滁州市、芜湖市以及所辖县（市）。本报告中统计范围为省内范围。

万人，吸纳了全省 18.61% 的新增城镇人口；公共财政预算收年均递增 19.26%。2014 年，都市圈 GDP 占全省比重为 24.97%，常住人口占比为 21.16%，城镇人口占比为 23.07%，城乡建设用地占比为 20.35%。都市圈产业结构以三产为主导，暂住人口 215.56 万人，占常住人口比例为 12.8%，单位城镇建设用地二、三产增加值为 7.59 亿元/平方公里。核心城市南京以占整个都市圈[①] 14.83% 的土地承载了 41.78% 的 GDP，普通高等学校和医院数量分别占都市圈的 61.97% 和 38.51%。

2000 年、2014 年南京都市圈主要指标

	2000 年	2014 年
GDP（亿元）	2014.52	16254.75
人均 GDP（万元）	1.38	9.65
城镇化率（%）	55.08	71.10
城镇人口（万人）	806.13	1197.71
公共财政预算收入[②]（亿元）	129.82	1528.61

2014 年南京都市圈其他指标

三次产业结构	一产比例（%）	3.94
	二产比例（%）	45.12
	三产比例（%）	50.94
农业劳动生产率（万元/人）		4.59
暂住人口（万人）		215.56
单位城镇建设用地二、三产增加值（亿元/平方公里）		7.59

[①] 南京市区在整个都市圈的相关占比数据，统计范围包括了都市圈省内、省外范围。
[②] 按照江苏省统计年鉴，本表中 2000 年数据为地方财政收入，包括营业税，地方企业所得税，个人所得税，城镇土地使用税、城镇维护建设税、房产税、农业特产税、耕地占用税、印花税、契税、增值税 25% 部分等税收。2014 年数据为公共财政预算收入，包括税收收入，即增值税、营业税、企业所得税、个人所得税、城市维护建设税、房产税、土地增值税、耕地占用税、契税；以及非税收入，即专项收入、行政事业性收费收入、罚没收入、国有资本经营收入等。下文其他表格中公共财政预算收入同本表。

南京都市圈内城市合作不断加深。2003年起，连续举办了十届"南京都市圈发展论坛"。自2007年起，连续举办八届"南京都市圈市长峰会／联席会"，都市圈合作交流平台不断完善，各城市达成了多项单边或多边合作框架协议，推动了都市圈城市间实质性合作，签署了《南京都市圈共同发展行动纲领》《南京都市圈道路客运班车公交化运行暨开行"旅游直通车"合作协议》《南京都市圈航空旅游合作议定书》《南京都市圈农副产品产销合作框架协议》等。此外，南京市分别与淮安、芜湖、马鞍山、滁州、巢湖签署了双边合作协议，并与镇江、扬州签署了区域创新合作协议及部门、区县合作等一系列发展协议。

2013年，"南京都市圈城市发展联盟"成立，成员包括南京、镇江、扬州、淮安、芜湖、马鞍山、滁州、宣城等八市，审议通过了《南京都市圈城市发展联盟章程》，形成了党政领导决策层、分管领导协调层、职能部门执行层三级都市圈协作机制，并设立了秘书处及城乡规划、环保、交通、农业、质量技术监督、信息化等方面的17个专业委员会。八市城乡规划主管部门联合成立了"南京都市圈城市发展联盟城乡规划专业协调委员会"，组织编制了《南京都市圈区域空间协调技术准则》《南京都市圈空间布局协调规划》和《南京都市圈综合交通协调规划》等，明确了生态红线区域、基础设施选址、跨界地区发展等方面的规划约定。都市圈协调规划由八个城市市政府共同批准，并纳入各自城市总体规划等法定规划中。

在多层次合作深度推进下，都市圈内交通基础设施与公共服务一体化不断强化。建成了宁天城际和宁安城际等跨省轨道交通、长江四桥和江六高速等，完善了都市圈一体化交通网络。在产业合作方面推进了宁淮现代服务业集聚区、宁镇扬马四市旅游产业一卡通、南马滁瓜果蔬菜绿色通道等重大项目实施，加强了区域产业协作。在公共服务合作方面，建立了"南京都市圈图书馆服务平台"，实现了公共馆藏书目的联合查询与图书数字资源的读者共享；设立了"南京都市圈统一预约挂号平台"，实现了都市圈70余家医院网上预约，促进了跨省医疗合作和区域同城化发展。

②徐州都市圈

2000—2014年，徐州都市圈①GDP年均递增16.07%，人均GDP由0.7万元增长至5.56万元；城镇化率由33.68%增长至59.29%，年均增长1.83个百分点，增速超过南京都市圈和苏

---

① 徐州都市圈，省内范围包括徐州市以及所辖县（市）、宿迁市区，省外统筹协调范围包括安徽省的淮北市、宿州市以及所辖县（市），山东省的枣庄市以及所辖县（市）、微山县，河南省永城市。本报告中统计范围为省内范围。

锡常都市圈；城镇人口增长 263.61 万人；公共财政预算收入年均递增 24.68%。2014 年，都市圈 GDP 占全省比重为 8.68%，常住人口占比为 12.78%，城镇人口占比为 11.62%，城乡建设用地占比为 13%。都市圈产业结构以二产为主导，暂住人口为 38.2 万人，占常住人口比例为 3.75%，单位城镇建设用地二、三产增加值为 5.75 亿元/平方公里。核心城市徐州以占整个都市圈[①] 8.77% 的土地承载了 27.08% 的 GDP；基本形成了区域教育医疗中心地位，徐州市区普通高等学校和卫生机构床位数量分别占都市圈的 52.38% 和 24.5%。

2000 年、2014 年徐州都市圈主要指标

	2000 年	2014 年
GDP（亿元）	701.83	5652.39
人均 GDP（万元）	0.70	5.56
城镇化率（%）	33.68	59.29
城镇人口（万人）	339.62	603.23
公共财政预算收入（亿元）	25.54	560.33

2014 年徐州都市圈其他指标

三次产业结构	一产比例（%）	9.54
	二产比例（%）	45.92
	三产比例（%）	44.54
农业劳动生产率（万元/人）		2.81
暂住人口（万人）		38.20
单位城镇建设用地二、三产增加值（亿元/平方公里）		5.75

---

① 徐州市区在整个都市圈的相关占比数据，统计范围包括了都市圈省内、省外范围。

徐州都市圈城际合作不断推进。自2010年起，连续召开六届淮海经济区核心区城市市长会议[①]，都市圈城市合作达成共识，签订了《徐州都市圈交通一体化共建共享备忘录》《关于共用连云港港的合作协议》《关于承接产业转移合作协议》《关于环境保护合作协议》《城市旅游合作协议》等。2011年，徐州与山东济宁、枣庄，河南永城及安徽淮北、宿州签订了异地就医协作协议，互认新农合定点医院，在全国率先开展新农合跨省异地结报工作。2012年成立了《淮海经济区核心城市旅游联盟》，拟实行市民互游优惠制度。建立了都市圈城市环境保护联席会议制度、县区级的跨界河流上下游联防联控与污染事件应急处置机制。

都市圈产业合作、公共服务一体化、交通互联互通日益紧密。2013年徐州泉山区与安徽萧县共建工业园，推进跨省产业合作共建。枣庄、淮北、宿州设立了徐州观音机场候机楼，加快徐明、泗许高速公路联通，推进苏鲁皖跨省综合交通衔接。徐州市新农合跨省市结报业务走上正轨，苏鲁豫皖接壤地区4省8市58个县（区）中涉及新农合的4000万农民都能够在徐州刷卡看病，徐州市三级医院住院病人中约有40%左右来自县区及周边省市。沛县与山东省微山县开展了县级边界违法企业联合执法，南四湖局联合沛县、微山县开展打击微山湖非法采砂联合巡查。

③ 苏锡常都市圈

2000—2014年，苏锡常都市圈[②] GDP年均递增16.05%，人均GDP由2.13万元增长至12.32万元；城镇化率由56.71%增长至73.01%，年均增长1.16个百分点；城镇人口增长703.84万人，吸纳了全省33.44%的新增城镇人口；公共财政预算收入年均递增21.44%。2014年，都市圈GDP占全省比重为41.28%，常住人口占比为27.39%，城镇人口占比为30.66%，城乡建设用地占比为25.18%。都市圈产业结构以二产为主导，三产比例略低于二产比例；暂住人口744.41万人，占全省暂住人口的64.99%，暂住人口占常住人口比例为34.15%，经济发展的就业吸引较大，但外来人口带来的城市公共服务设施配套、社会保障压力也较大；单位城镇建设用地二、三产增加值为8.25亿元/平方公里。中心城市综合实力强，苏州、无锡、常州市区GDP位列全省设区市市区前四位；县域经济发达，县市GDP

---

① 淮海经济区核心区城市市长会议包括徐州、枣庄、济宁、宿迁、连云港、淮北、宿州、**商丘等八市**。
② 苏锡常都市圈范围包括苏州市、无锡市、常州市以及三市所辖县（市）。

占都市圈比重达到 49.99%；城镇空间拓展迅速，高速公路和轨道交通网络发达，形成了高度密集的城镇连绵态势。

2000 年、2014 年苏锡常都市圈主要指标

	2000 年	2014 年
GDP（亿元）	3341.51	26868.07
人均 GDP（万元）	2.13	12.32
城镇化率（%）	56.71	73.01
城镇人口（万人）	887.76	1591.60
公共财政预算收入（亿元）	174.35	2645.71

2014 年苏锡常都市圈其他指标

三次产业结构	一产比例（%）	1.79
	二产比例（%）	49.86
	三产比例（%）	48.35
农业劳动生产率（万元／人）		6.57
暂住人口（万人）		744.41
单位城镇建设用地二、三产增加值（亿元／平方公里）		8.25

苏锡常都市圈区域基础设施共建共享有效开展。编制了《苏锡常地区区域供水规划》《苏锡常都市圈绿化系统规划》，开展了苏锡常都市圈轨道交通规划研究。为促进都市圈跨省际协调，编制了《江苏临沪地区跨界协调规划研究》。苏锡常都市圈城市积极参与"沪苏浙经济合作与发展座谈会""长江三角洲城市经济协调会市长联席会议"等各类区域会议和议题探讨，各城市与上海在大气、水环境治理、防洪排涝设施联动等方面开展了区域联防联控机制探索。

区域供水规划稳步实施，所有规划乡镇实现了区域联网供水。重点推进环太湖地区、宜溧金丘陵山区生态空间共建，积极推进环太湖风景路建设。都市圈交通基础设施全面推进，京沪高速铁路、沪宁城际铁路、宁杭城际铁路等开通，都市圈城际快速客运能力大幅提高；沿江高速公路、沪宜高速公路等公路骨架相继建成，区域干线公路网络承载能力进一步增强。上海—昆山轨道交通11号线花桥段工程成为国内首个跨省（直辖市）城市轨道交通项目。

（2）带轴地区

在《江苏省城镇体系规划（2001—2020年）》指导下，编制了《江苏省沿江城市带规划》《江苏省沿海城镇带规划》《江苏省沿江风光带规划》《江苏省沿江城际轨道交通线网规划》[①]，引导经济、人口等生产要素向沿江、沿海等地区集聚。

① 沿江城市带

2000—2014年，沿江城市带[②]GDP年均递增16.05%，人均GDP由1.65万元增长至10.77万元；城镇化率由53.33%增长至71.79%，年均增长1.32个百分点；城镇人口增长1252.4万人，吸纳了全省59.51%的新增城镇人口；公共财政预算收入年均递增20.76%。2014年，沿江城市带GDP占全省比重为72.6%，常住人口占比为55.1%，城镇人口占比为60.67%，城乡建设用地占比为51.53%。产业结构为"三二一"的构成；暂住人口1005.23万人，集聚了全省87.76%的暂住人口，占常住人口比例为22.92%；单位城镇建设用地二、三产增加值为8.3亿元/平方公里，经济发展水平和城镇化水平远高于沿海、沿东陇海城镇轴。该地区集聚了1个特大城市、8个大城市、5个中等城市，特大城市和大城市人口占城镇总人口的63.04%。沿江城市带以沿沪宁、南沿江、北沿江、沿沪和泰锡沿线地区为骨干，加快过江通道建设，由沿江走向跨江融合发展。

---

① 《江苏省沿江城市带规划》于2006年编制完成，《江苏省沿海城镇带规划》于2009年编制完成，《江苏省沿江风光带规划》于2007年编制完成，《江苏省沿江城际轨道交通线网规划》于2006年编制完成。
② 沿江城市带范围为南京市（除高淳区）、无锡市区、江阴、常州市区、苏州市区、常熟、张家港、昆山、太仓、南通市区、海安、如东、启东、如皋、海门、扬州市区、仪征、镇江市区、丹阳、扬中、句容、泰州市区、靖江、泰兴。

2000年、2014年沿江城市带主要指标

	2000年	2014年
GDP（亿元）	5883.79	47255.54
人均GDP（万元）	1.65	10.77
城镇化率（%）	53.33	71.79
城镇人口（万人）	1896.61	3149.01
公共财政预算收入（亿元）	331.77	4651.99

2014年沿江城市带其他指标

三次产业结构	一产比例（%）	2.58
	二产比例（%）	48.43
	三产比例（%）	48.99
农业劳动生产率（万元／人）		4.32
暂住人口（万人）		1005.23
单位城镇建设用地二、三产增加值（亿元／平方公里）		8.30

2000年、2014年沿江城市带遥感图比较

② 沿海城镇轴

2000—2014年，沿海城镇轴[①]GDP年均递增15.22%，人均GDP由0.79万元增长至6.04万元；城镇化率由33.10%增长至59.21%，年均增长1.87个百分点，高于同期全省平均水平（1.69个百分点）；城镇人口增长460.37万人，吸纳了全省21.88%的新增城镇人口；公共财政预算收入年均递增24.36%。2014年，沿海城镇轴GDP占全省比重为17.6%，常住人口占比为23.83%，城镇人口占比为21.64%，城乡建设用地占比为26.68%；产业结构以二产为主导，暂住人口104.14万人，占常住人口比例为5.49%，单位城镇建设用地二、三产增加值为6.16亿元/平方公里。该地区有大城市2个，中等城市1个，小城市15个。依托连云港港、盐城大丰港、南通洋口港和通州湾，建设沿海港口群；临海高等级公路全线贯通，改善疏港交通；以港口开发带动临海城镇和产业发展，重点培育壮大27个临海城镇，形成港口、临海城镇与中心城市联动发展格局。

2000年、2014年沿海城镇轴主要指标

	2000年	2014年
GDP（亿元）	1576.16	11454.20
人均GDP（万元）	0.79	6.04
城镇化率（%）	33.10	59.21
城镇人口（万人）	662.99	1123.36
公共财政预算收入（亿元）	58.11	1229.79

2014年沿海城镇轴其他指标

三次产业结构	一产比例（%）	9.53
	二产比例（%）	47.88
	三产比例（%）	42.59

① 沿海城镇轴范围为南通市区、海安、如东、启东、如皋、海门、盐城市区、响水、滨海、阜宁、射阳、建湖、东台、大丰、连云港市区、东海、灌云、灌南。

续表

农业劳动生产率（万元/人）	3.55
暂住人口（万人）	104.14
单位城镇建设用地二、三产增加值（亿元/平方公里）	6.16

③ 沿东陇海城镇轴

2000—2014 年，沿东陇海城镇轴[①] GDP 年均递增 15.78%，人均 GDP 由 0.64 万元增长至 5.07 万元；城镇化率由 31.03% 增长至 57.98%，年均增长 1.93 个百分点，在带轴地区增速最快；城镇人口增长 430.33 万人，吸纳了全省 20.45% 的新增城镇人口；公共财政预算收入年均递增 25.05%。2014 年，沿海城镇轴 GDP 占全省比重为 12.6%，常住人口占比为 20.32%，城镇人口占比为 18.07%，城乡建设用地占比为 20.74%；产业结构以二产为主导，暂住人口 52.4 万人，占常住人口比例为 3.24%，单位城镇建设用地二、三产增加值为 4.99 亿元/平方公里。该地区有大城市 2 个，中等城市 1 个，小城市 9 个。依托陇海铁路、连霍高速公路，建设陇海客运专线徐连段，贯通徐连运河，打造亚欧国际路桥物流通道，建设连云港国家东中西区域合作示范区，提升门户功能，引导城镇和产业空间向陇海走廊合理集聚。

2000 年、2014 年沿东陇海城镇轴主要指标

	2000 年	2014 年
GDP（亿元）	1054.30	8198.24
人均 GDP（万元）	0.64	5.07
城镇化率（%）	31.03	57.98
城镇人口（万人）	507.64	937.97
公共财政预算收入（亿元）	38.77	886.14

---

① 沿东陇海城镇轴范围为徐州市区、丰县、沛县、睢宁、新沂、邳州、宿迁市区、沭阳、连云港市区、东海、灌云、灌南。

2014 年沿东陇海城镇轴其他指标

三次产业结构	一产比例（%）	10.74
	二产比例（%）	45.79
	三产比例（%）	43.47
农业劳动生产率（万元/人）		2.87
暂住人口（万人）		52.40
单位城镇建设用地二、三产增加值（亿元/平方公里）		4.99

2. 特色发展地区

江苏已经迈入城乡转型发展阶段，为实现城乡发展一体化，建设生态宜居、环境优美、舒适便利的城乡人居环境，需要刚性保护区域生态优势资源，以差别化发展模式，建设与区域功能定位相适应的空间布局、产业体系、基础设施和公共服务网络。《江苏省城镇体系规划（2015—2030 年）》提出建设苏南丘陵、苏北苏中水乡两片特色发展地区，形成"带轴集聚、腹地开敞"的区域空间格局，对于江苏高度城镇化地区区域开敞空间保护具有重要战略意义。

特色发展地区人口密度相对不高，生态资源承载负荷相对较小，制造业总量规模相对较小，生态休闲旅游度假产业发展潜力巨大。在基本现代化目标与都市圈、带轴地区相同的前提下，强调"城镇优先、效率优先、生态优先、一三产业优先"的发展路径，注重区域景观特色的培育、优先发展一三产业，成为区域环境优美、空间特色鲜明、城镇点状发展、人民生活安康富裕的城镇化地区。

① 苏南丘陵地区

苏南丘陵地区[①]人均 GDP 为 9.76 万元，城镇化率为 60.41%，GDP 占全省比重为 4.48%，常住人口、城镇人口占比分别为 3.76%、3.48%，城乡建设用地占比为 4.19%。为加强特色发展地区规划引导，于 2014 年编制完成《苏南丘陵地区城镇体系规划（2014—2030 年）》，

---

① 苏南丘陵地区范围为宜兴、溧阳、金坛、南京市高淳区。

建设美丽县城，培育特色小城镇，保护山水资源，建设环太湖区域风景路。

② 苏北苏中水乡地区

2014年苏北苏中水乡地区[①]人均GDP为4.93万元，城镇化率为53.67%，低于全国平均水平（54.77%），GDP占全省比重为7.08%，常住人口、城镇人口占比分别为11.74%、9.66%，城乡建设用地占比为13.03%。2014年启动编制《苏北苏中水乡地区城镇体系规划》，打造淮安特色增长极，培育特色小城镇，建设环洪泽湖区域风景路，保护"大湖大水大湿地"，优化区域生态格局。

2014年特色发展地区主要指标

		苏南丘陵地区	苏北苏中水乡地区
GDP（亿元）		2918.88	4605.96
人均GDP（万元）		9.76	4.93
三次产业结构	一产比例（%）	5.41	13.07
	二产比例（%）	51.65	44.65
	三产比例（%）	42.94	42.28
城镇化率（%）		60.41	53.67
城镇人口（万人）		180.70	501.54
暂住人口（万人）		31.98	21.40
农业劳动生产率（万元/人）		4.80	3.52
公共财政预算收入（亿元）		204.56	460.12
单位城镇建设用地二、三产增加值（亿元/平方公里）		7.25	4.82

---

① 苏北苏中水乡地区范围为淮安市区、涟水、洪泽、盱眙、金湖、泗阳、泗洪、宝应、高邮、兴化。

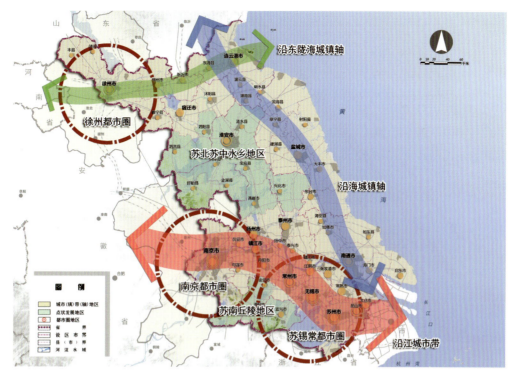

全省区域空间格局

3. 三大区域

苏南地区为全省主要城镇集聚空间，城镇化率高，大、中城市发展快，对全省的经济贡献占比高；苏中、苏北地区城镇化率增长快，人口呈现向中小城市集聚态势。

2000—2014年，苏南地区GDP年均递增16.1%，人均GDP由2.23万元增长至11.75万元；城镇化率由59.6%增长至74.3%，年均增长1.05个百分点；城镇人口增长1175.91万人，占全省城镇人口总增量的52.04%；公共财政预算收入年均递增20.39%。2014年，苏南地区GDP占全省比重为58.28%，常住人口占比为41.69%，城镇人口占比为47.51%，城乡建设用地占比为37.46%。苏南地区有特大城市1个、大城市6个，中等城市4个，小城市5个，68.49%的城镇人口集中于特大城市、大城市。

2000—2014年，苏中地区GDP年均递增15.89%，人均GDP由0.93万元增长至7.75万元；城镇化率由37.7%增长至60.9%，年均增长1.66个百分点；城镇人口增长345.08万人；公共财政预算收入年均递增22.7%。2014年，苏中地区GDP占全省比重为19.04%，常住人口占比为20.62%，城镇人口占比为19.26%，城乡建设用地占比为21.56%。苏中地区有大城市2个，中等城市1个，小城市11个，大城市集聚了29.65%的城镇人口，中小城市集聚了39.88%。

2000—2014年，苏北地区GDP年均递增15.66%，人均GDP由0.63万元增长至5.06万元；城镇化率由31.2%增长至57.5%，年均增长1.88个百分点，在三大区域中增速最快；城镇人口增长738.73万人；公共财政预算收入年均递增25.26%。2014年，苏北地区GDP占全省比重为22.68%，常住人口占比为37.69%，城镇人口占比为33.23%，城乡建设用地占比为40.98%。苏北地区有大城市3个，中等城市2个，小城市22个，大城市集聚了23.83%的城镇人口，中小城市集聚了42.37%。

2000年、2014年南中北三大区域主要指标

	苏南		苏中		苏北	
	2000年	2014年	2000年	2014年	2000年	2014年
GDP（亿元）	4814.84	38941.26	1613.81	12721.49	1975.92	15151.49
人均GDP（万元）	2.23	11.75	0.93	7.75	0.63	5.06
城镇化率（%）	59.6	74.3	37.7	60.9	31.2	57.5
城镇人口（万人）	1289.96	2465.87	654.56	999.64	986.16	1724.89
公共财政预算收入（亿元）	284.86	3826.96	64.03	1123.15	71.39	1670.73

2014年，三大区域发展比较，苏中、苏北地区产业结构仍为"二三一"的构成，苏南地区首次三产比例超过二产比例，转变为"三二一"结构。苏南地区集聚了全省80.7%的暂住人口，暂住人口占常住人口比例为27.85%；苏中、苏北地区暂住人口占常住人口比例分别为7.15%、3.46%。

2014年南中北三大区域其他主要指标

		苏南	苏中	苏北
三次产业结构	一产比例（%）	2.10	6.10	11.61
	二产比例（%）	47.90	50.27	45.79
	三产比例（%）	50.00	43.63	42.60

续表

	苏南	苏中	苏北
高新技术企业产值占规模以上工业总产值比重（%）	44.38	42.77	30.46
农业劳动生产率（万元/人）	5.66	3.50	3.18
暂住人口（万人）	924.37	117.36	103.72
单位城镇建设用地二、三产增加值（亿元/平方公里）	8.20	7.95	5.01

2014年全省城镇空间分布

三、城市功能品质

1. 城市环境

2013年7月,省政府印发《江苏省城市环境综合整治行动实施方案》(苏政办发〔2013〕121号),计划用3年左右的时间在全省县以上城市建成区开展以"九整治""三规范""一提升"为主要内容的城市环境综合整治"931行动"。2014年,全省共整治完成"九整治"项目4074个,完成率达98.1%;"三规范"项目11170个,完成率100%。全省共完成整治城郊结合部278片、城中村501个、棚户区225个、老旧小区472个、背街小巷955条、城市河道340条、低洼易淹易涝片区276片、建设工地762个、农贸市场265个;新增经营疏导点296处、停车设施477处,整治户外广告10397处,城市薄弱地段环境脏乱差现象得到明显改善。截至2014年底,全省累计已有4个城市获得联合国人居环境奖(全国13个城市)、9个项目获得迪拜国际改善居住环境最佳范例奖(全国73个项目);共有11个城市、47个项目获得中国人居环境奖或范例奖(全国35个城市、468个项目),创建工作力度和成效在全国名列前茅。

全省人居奖获奖城市(项目)名录

类别	序号	获奖城市或项目	获奖时间
联合国人居环境奖	1	扬州市	2006
	2	张家港市	2008
	3	南京市(特别奖)	2008
	4	昆山市	2010
迪拜改善居住环境最佳范例奖	1	张家港市整体环境改善项目	1996
	2	江苏省昆山市周庄镇古镇保护	2000
	3	江苏南京月牙湖小康住宅示范居住区	

续表

类别	序号	获奖城市或项目	获奖时间
迪拜改善居住环境最佳范例奖	4	江苏省苏州市古城保护和改造项目	2002
	5	江苏省常熟市农村安全供水工程	2006
	6	江苏省常熟市尚湖生态修复工程	
	7	江苏省常熟市沙家浜生态环境建设	2010
	8	江苏省可再生能源在建筑上的推广应用项目	2012
	9	江苏省苏州市同里古镇保护工程	
中国人居环境奖	—	扬州市（2003）、张家港市（2005）、昆山市（2007）、南京市（2008）、无锡市（2010）、吴江市（2010）、江阴市（2011）、常熟市（2011）、太仓市（2012）、镇江市（2013）、宜兴市（2013）	—
中国人居环境范例奖	1	苏州市古城保护与更新	2000
	2	常熟市城市绿化及生态环境建设	2001
	3	张家港市城市环境建设与管理	
	4	常州市水环境治理工程	2002
	5	常州市旧住宅小区综合整治工程	2003
	6	南京市明城墙保护项目	
	7	吴江市松陵城区水环境综合整治工程	
	8	南通市濠河综合整治与历史风貌保护工程	2004
	9	张家港市塘桥镇规划建设管理	
	10	江苏省常熟市海虞镇小城镇建设项目	2005
	11	江苏省吴江市同里古镇保护工程	
	12-17	扬州市、南通市、无锡市、吴江市、常熟市、张家港市	2006（水环境治理优秀范例城市）
	18	常熟市梅李镇规划建设管理项目	2007
	19	南京市南湖片区社区公共管理与服务项目	

续表

类别	序号	获奖城市或项目	获奖时间
中国人居环境范例奖	20	淮安市中心城区物业管理与社区服务	2008
	21	江阴市申港镇人居环境建设	
	22	常熟市沙家浜生态环境建设	
	23	常州市公园绿地建设管理体制创新项目	2009
	24	镇江市西津渡历史文化街区保护与更新项目	
	25	江苏省可再生能源在江苏建筑上的推广应用项目	2010
	26	江苏省昆山市锦溪镇古镇保护项目	
	27	江苏省宜兴市官林镇规划建设管理项目	
	28	江苏省太仓市居民住房改善项目	
	29	江苏省推进节约型城乡建设实践项目	2011
	30	昆山市花桥生态保护及城市绿化建设项目	
	31	常熟市古里镇小城镇建设项目	
	32	苏州市吴中区旺山村新农村建设项目	
	33	扬州市城市管理与体制创新项目	
	34	江苏省城乡统筹区域供水规划及实施项目	2012
	35	江苏省金坛市宜居工程建设项目	
	36	江苏省昆山市巴城镇生态宜居工程建设项目	
	37	江苏省宜兴市周铁镇小城镇建设项目	
	38	常熟市碧溪新区城乡统筹垃圾处理与资源化利用	2013
	39	昆山市陆家镇人居环境建设	
	40	江阴市新桥镇新型社区建设项目	
	41	宿迁市幸福新城危旧片区改造示范工程	
	42	淮安市古淮河环境治理工程	

续表

类别	序号	获奖城市或项目	获奖时间
中国人居环境范例奖	43	江苏省村庄环境整治苏南实践项目	2014
	44	江苏省徐州市云龙湖风景名胜区生态景观修复工程	
	45	江苏省常州市数字化城市管理项目	
	46	江苏省常熟市虞山镇历史文化遗产保护项目	
	47	江苏省太仓市沙溪镇特色小城镇建设项目	

资料来源：江苏省住房和城乡建设厅

2. 风景园林

2000—2014年全省城市（县城）绿化覆盖面积由690.4平方公里增加到3425.87平方公里，其中建成区绿化覆盖面积由459.25平方公里增加到1993.60平方公里，建成区绿化覆盖率由33.22%提高到42.37%。城市（县城）园林绿地面积由600.64平方公里增加到3022.31平方公里，其中建成区园林绿地面积由394.03平方公里增加到1836.99平方公里，建成区绿地率由28.51%提高到39.04%。

2000—2014年全省城市（县城）公园绿地面积由102.48平方公里增加到492.95平方公里，其中公园面积由51.59平方公里增加到251.42平方公里，公园数量由313个增加到1049个，人均公园绿地面积由8.13平方米增加到13.99平方米。2014年，城市公园免费开放率达到85%以上，公园绿地服务半径覆盖率达到70%以上。

2000年、2014年分市公园绿地建设情况

	公园绿地面积（公顷）		公园面积（公顷）		公园数量（个）	
	2000年	2014年	2000年	2014年	2000年	2014年
南京市	2250.16	9115.00	1725.20	6861.00	40	120
无锡市	1213.57	4941.90	831.29	2736.75	39	69
徐州市	1145.38	4524.03	754.20	2772.60	19	99
常州市	644.39	2522.94	160.75	998.38	19	42

续表

	公园绿地面积（公顷）		公园面积（公顷）		公园数量（个）	
	2000 年	2014 年	2000 年	2014 年	2000 年	2014 年
苏州市	1944.52	6791.84	537.55	3953.00	81	316
南通市	522.82	4023.40	82.14	1113.74	15	69
连云港市	317.78	2295.30	87.52	894.30	8	39
淮安市	333.97	2767.66	179.87	660.25	9	25
盐城市	337.48	3585.20	121.44	2080.00	10	97
扬州市	624.99	2650.86	256.21	418.80	23	20
镇江市	465.23	2371.64	249.28	897.88	22	37
泰州市	379.70	1654.49	157.80	689.00	24	46
宿迁市	68.00	2050.80	16.00	1066.23	4	70

资料来源：江苏省住房和城乡建设厅。

2000—2014年全省省级以上风景名胜区由18个增加到22个，其中国家级由4个增加到5个，增加的为镇江三山风景名胜区，省级由14个增加到17个。截至2014年底，省级以上风景名胜区总面积约1756.91平方公里。

2014年全省省级以上风景名胜区名录

序号	级别	地区	名称	面积（平方公里）
1	国家级	南京市	钟山风景名胜区	35.04
2		无锡市、苏州市	太湖风景名胜区	888.00
3		连云港市	云台山风景名胜区	167.38
4		扬州市	蜀冈—瘦西湖风景名胜区	8.33
5		镇江市	三山风景名胜区	17.32

续表

序号	级别	地区	名称	面积（平方公里）
6	省级	南京市	雨花台风景名胜区	1.13
7			夫子庙—秦淮风光带风景名胜区	3.14
8		徐州市	马陵山风景名胜区	28.41
9			云龙湖风景名胜区	38.50
10			艾山风景名胜区	23.50
11		苏州市	虎丘山风景名胜区	1.25
12			枫桥风景名胜区	0.14
13		南通市	狼山风景名胜区	5.00
14			濠河风景名胜区	2.00
15		淮安市	第一山风景名胜区	3.85
16		盐城市	九龙口风景名胜区	60.00
17		镇江市	南山风景名胜区	13.14
18			九龙山风景名胜区	21.80
19		镇江市、常州市	茅山风景名胜区	32.00
20		泰州市	溱湖风景名胜区	26.00
21		宿迁市	骆马湖—三台山风景名胜区	331.08
22			古黄河—运河风光带风景名胜区	49.90

资料来源：江苏省住房和城乡建设厅。

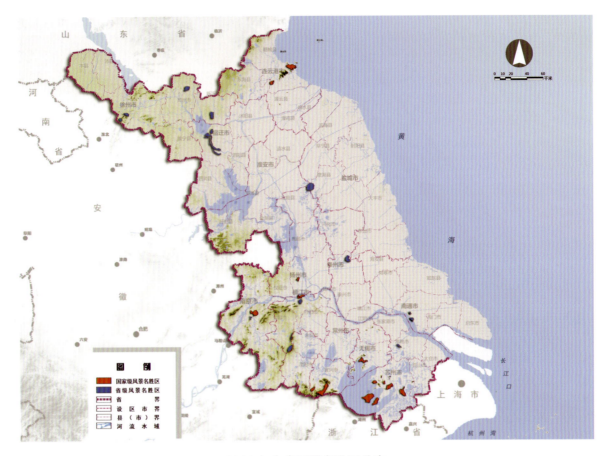

2014年全省风景名胜区分布

3. 历史文化保护

截至2014年底,全省拥有国家历史文化名城11座,省级历史文化名城6座;中国历史文化名镇26座,省级历史文化名镇6座;中国历史文化名村10个,省级历史文化名村3个,中国传统村落26个;省级历史文化保护区1处。江苏是保有国家历史文化名城、中国历史文化名镇最多的省份。

全省历史文化名城一览表

类型	序号	名称	公布时间
国家历史文化名城（11座）	1	南京	1982
	2	苏州	
	3	扬州	
	4	镇江	1986
	5	常熟	
	6	徐州	
	7	淮安	
	8	无锡	2007
	9	南通	2009
	10	宜兴	2011
	11	泰州	2013
省级历史文化名城（6座）	1	高邮	1995
	2	常州	2001
	3	江阴	
	4	兴化	
	5	高淳	2009
	6	如皋	2012

资料来源：江苏省住房和城乡建设厅。

全省历史文化名镇一览表

序号	地区	名称	称号	公布时间
1	无锡市	荡口镇（锡山区）	中国历史文化名镇	2010
2		长泾镇（江阴市）	中国历史文化名镇	2010
3		周铁镇（宜兴市）	中国历史文化名镇	2014
4	徐州市	窑湾镇（新沂市）	省级历史文化名镇	2009
5	常州市	孟河镇（新北区）	中国历史文化名镇	2014
6	苏州市	周庄镇（昆山市）	中国历史文化名镇	2003
7		同里镇（吴江区）	中国历史文化名镇	2003
8		甪直镇（吴中区）	中国历史文化名镇	2003
9		沙溪镇（太仓市）	中国历史文化名镇	2005
10		木渎镇（吴中区）	中国历史文化名镇	2005
11		千灯镇（昆山市）	中国历史文化名镇	2007
12		锦溪镇（昆山市）	中国历史文化名镇	2008
13		沙家浜镇（常熟市）	中国历史文化名镇	2008
14		东山镇（吴中区）	中国历史文化名镇	2010
15		凤凰镇（张家港市）	中国历史文化名镇	2010
16		黎里镇（吴江区）	中国历史文化名镇	2014
17		震泽镇（吴江区）	中国历史文化名镇	2014
18		光福镇（吴中区）	省级历史文化名镇	2001
19		金庭镇（吴中区）	省级历史文化名镇	2001
20		古里镇（常熟市）	中国历史文化名镇	2014
21	南通市	余东镇（海门市）	中国历史文化名镇	2008
22		白蒲镇（如皋市）	省级历史文化名镇	2013
23		栟茶镇（如东县）	中国历史文化名镇	2014

续表

序号	地区	名称	称号	公布时间
24	淮安市	码头镇（淮阴区）	省级历史文化名镇	2013
25	盐城市	安丰镇（东台市）	中国历史文化名镇	2007
26		富安镇（东台市）	中国历史文化名镇	2014
27	扬州市	邵伯镇（江都区）	中国历史文化名镇	2008
28		大桥镇（江都区）	中国历史文化名镇	2014
29	镇江市	宝堰镇（丹徒区）	省级历史文化名镇	2013
30	泰州市	溱潼镇（姜堰区）	中国历史文化名镇	2005
31		黄桥镇（泰兴市）	中国历史文化名镇	2005
32		沙沟镇（兴化市）	中国历史文化名镇	2010

资料来源：江苏省住房和城乡建设厅。

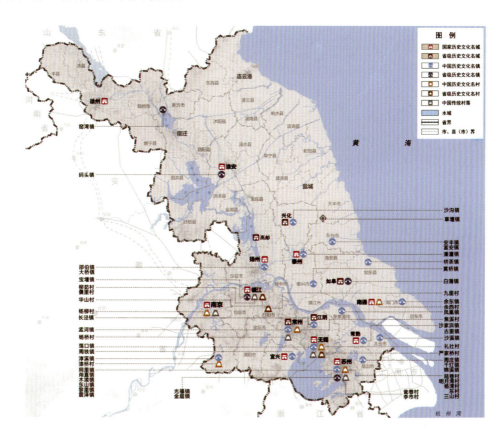

全省历史文化名城、名镇、名村分布

全省历史文化街区名录

城市	名称	面积（公顷）	城市	名称	面积（公顷）
南京市	颐和路历史文化街区	35.19	淮安市	河下古镇历史文化街区	19.69
	梅园新村历史文化街区	10.48		上板街、驸马巷和龙窝巷历史文化街区	5.64
	总统府历史文化街区	15.10	无锡市	荣巷历史文化街区	8.40
	南捕厅历史文化街区	3.17		小娄巷历史文化街区	1.19
	朝天宫历史文化街区	9.05		清名桥沿河历史文化街区	18.78
	夫子庙历史文化街区	20.00		惠山古镇历史文化街区	15.42
	荷花塘历史文化街区	12.56	南通市	寺街历史文化街区	11.61
	三条营历史文化街区	4.84		西南营历史文化街区	6.67
	金陵机器制造局历史文化街区	14.25		濠南历史文化街区	31.40
	高淳老街历史文化街区	9.36		唐闸历史文化街区	25.75
	七家村历史文化街区	2.15	宜兴市	月城街历史文化街区	2.01
苏州市	平江历史文化街区	48.40		蜀山古南街历史文化街区	12.80
	阊门历史文化街区	24.78		葛鲍聚居地历史文化街区	3.44
	拙政园历史文化街区	12.16	泰州市	五巷—涵西街历史文化街区	6.19
	怡园历史文化街区	5.58		城中历史文化街区	5.88
	山塘街历史文化街区	25.59		涵东街历史文化街区	4.78
扬州市	东关历史文化街区	32.47		渔行水村历史文化街区	2.78
	南河下历史文化街区	22.35	常州市	青果巷历史文化街区	8.20
	仁丰里历史文化街区	12.07		南市河历史文化街区	2.50
	湾子街历史文化街区	32.50		前后北岸历史文化街区	3.00

续表

城市	名称	面积（公顷）	城市	名称	面积（公顷）
镇江市	西津渡历史文化街区	6.00	高邮市	城南历史文化街区	6.26
镇江市	伯先路历史文化街区	3.46	高邮市	城中历史文化街区	4.18
镇江市	大龙王巷历史文化街区	4.20	高邮市	城北历史文化街区	7.78
常熟市	南泾堂历史文化街区	8.00	江阴市	北大街历史文化街区	3.20
常熟市	西泾岸历史文化街区	9.20	兴化市	东门历史文化街区	5.33
常熟市	琴川河历史文化街区	13.00	兴化市	北门历史文化街区	3.53
徐州市	户部山历史文化街区	2.58	如皋市	东大街历史文化街区	4.11
徐州市	状元府历史文化街区	2.49	如皋市	武庙历史文化街区	3.20

资料来源：江苏省住房和城乡建设厅。

4. 绿色生态城区

（1）绿色建筑

2008年全省设立了"省级节能减排（建筑节能）专项引导资金"，以鼓励支持省内建筑节能、可再生能源建筑应用和绿色建筑示范推广。截至2014年底，全省节能建筑总量累计达到126290万平方米，占城镇建筑总量的49%。

2014年全省新增绿色建筑与节能建筑情况

类别		面积（万平方米）
绿色建筑		2313
节能建筑	居住建筑	12676
节能建筑	公共建筑	4265
节能建筑	合计	16941

续表

类别		面积（万平方米）
可再生能源应用建筑	太阳能光热	5393
	浅层地热	579
	合计	5972
建筑节能改造	居住建筑	259
	公共建筑	392
	合计	651

资料来源：江苏省住房和城乡建设厅。

2008年全省开始绿色建筑标识评价，截至2014年底，全省绿色建筑项目总数达到565项（约占全国22%），面积6055万平方米（约占全国21%），其中，绿色建筑一星项目208个，总面积2887万平方米，二星项目254个，总面积2518万平方米，三星项目103个，总面积649万平方米。

2014年全省绿色建筑项目统计

	一星		二星		三星		合计	
	数量（个）	面积（万平方米）	数量（个）	面积（万平方米）	数量（个）	面积（万平方米）	数量（个）	面积（万平方米）
全省	208	2887.5	254	2518.4	103	649.3	565	6055.2
南京市	20	777.9	41	536.8	16	141.5	77	1456.2
无锡市	33	366.7	28	267.8	8	40.9	69	675.4
徐州市	16	225.4	2	8.7	-	-	18	234.1
常州市	18	251.4	12	142.8	9	32.7	39	426.9
苏州市	56	496.0	98	765.6	57	331.8	211	1593.4
南通市	4	44.3	11	178.0	3	19.5	18	241.8
连云港市	8	169.5	3	23.7	1	1.7	12	194.9

续表

	一星		二星		三星		合计	
	数量（个）	面积（万平方米）	数量（个）	面积（万平方米）	数量（个）	面积（万平方米）	数量（个）	面积（万平方米）
淮安市	11	166.0	11	111.7	1	1.5	23	279.2
盐城市	21	150.5	19	226.1	2	7.4	42	384.0
扬州市	2	20.0	4	47.9	5	71.2	11	139.1
镇江市	9	101.0	10	93.9	-	-	19	194.9
泰州市	10	118.8	11	66.9	1	1.1	22	186.8
宿迁市	-	-	4	48.5	-	-	4	48.5

数据来源：江苏省住房和城乡建设厅。

2009—2014年，全省绿色建筑三星项目由1个增加到103个，2014年新增数量达到38个。

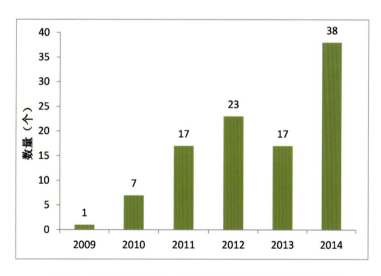

2009—2014年全省年度新增绿色建筑三星项目数量

数据来源：江苏省住房和城乡建设厅。

（2）绿色建筑示范区

从2010年开始，江苏省级节能减排专项引导资金支持内容增加了建筑节能和绿色建筑示范区，鼓励区域的绿色技术集成实践。2014年，全省建筑节能和绿色建筑示范区、绿色建筑和生态城区区域集成示范、绿色建筑示范城市（县、区）分别增加1个、1个和8个。截至2014年底，全省累计建设建筑节能和绿色建筑示范区38个、绿色建筑和生态城区区域集成示范4个、绿色建筑示范城市（县、区）12个。

2014年共有13个绿色建筑项目获得省级财政奖励，奖励资金1580万元。用于绿色建筑区域示范和绿色建筑奖励的项目资金共25500万元，连同可再生能源建筑应用、合同能源管理等项目，财政引导资金达到36790万元。

2014年全省建筑节能和绿色建筑示范区名录

类别	数量(个)	城市	名称
建筑节能和绿色建筑示范区	38	南京市（3）	南京紫东国际创意园
			南京新城科技园
			南京河西新城
		无锡市（5）	无锡中瑞低碳生态城
			江苏宜兴经济开发区科创新城
			江阴市敔山湾新城
			宜兴市建筑节能与绿色建筑示范区
			无锡新区
		徐州市（2）	徐州市沛县建筑节能与绿色建筑示范区
			徐州市新城区
		常州市（4）	武进高新区低碳小镇
			溧阳经济开发区城北工业园
			江苏省常州建设高等职业技术学校
			常州市东经120创意生态街区
		苏州市（6）	苏州工业园区中新生态科技城
			昆山花桥国际金融服务外包区
			张家港经济开发区中丹科技生态城
			苏州工业园区

续表

类别	数量(个)	城市	名称
建筑节能和绿色建筑示范区	38	苏州市（6）	昆山开发区
			苏州吴中太湖新城
		南通市（2）	苏通科技产业园一期
			如东县建筑节能与绿色建筑示范区
		连云港市（3）	连云港市徐圩新区
			连云港市经济技术开发区新海连·创智街区
			连云港市连云新城商务中心区
		淮安市（2）	淮安市生态新城
			淮安工业园区
		盐城市（3）	盐城市聚龙湖商务商贸区
			大丰港经济区
			阜宁县城南新区一期
		扬州市（2）	扬州市广陵区
			扬州经济开发区临港新城
		镇江市（2）	镇江新区中心商贸区
			镇江市润州区
		泰州市（2）	泰州医药高新技术产业开发区
			靖江市滨江新城
		宿迁市（2）	宿迁市湖滨新城总部集聚区
			宿迁市古黄河绿色生态示范区
绿色建筑和生态城区区域集成示范	4	泰州市（1）	泰州医药高新技术产业开发区
		苏州市（1）	花桥国际金融服务外包区
		淮安市（1）	淮安生态新城
		盐城市（1）	盐城市聚龙湖核心区
绿色建筑示范城市（县、区）	12	盐城市、常州市武进区、宜兴市、太仓市、无锡市、镇江市、苏州高新区、张家港市、常州新北区、南通市通州区、盱眙县、泰兴市	

资料来源：根据江苏省住房和城乡建设厅、江苏省财政厅《关于省级建筑节能专项引导资金补助项目的公示》整理。

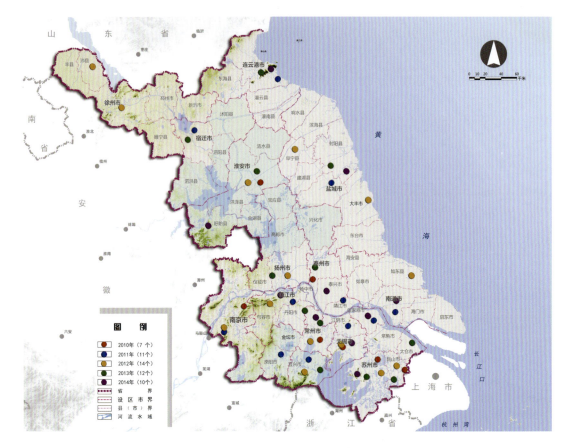

2014年全省省级绿色建筑示范区分布

注：省级绿色建筑示范区包括建筑节能和绿色建筑示范区、绿色建筑和生态城区区域集成示范、绿色建筑示范城市（县、区）。

（3）绿色城市创建

截至2014年底，全省共有35个国家生态市（县、区）、64个国家级生态示范区、3个国家低碳城市试点、2个国家绿色生态示范城区、1个国家绿色建筑产业集聚示范区、1个国家绿色低碳重点小城镇试点、20个国家可再生能源建筑应用示范城市（县、镇）、21个国家环保模范城市。其中，2014年新增13个市（县、区、镇）被授予"国家生态文明建设示范区（生态市、县、区）"称号。截至2014年底，已创建国家园林城市23个，国家园林县城6个，国家园林城镇8个，省级园林城市和园林县城18个，实现设区市的国家园林城市全覆盖。

2014年全省国家绿色生态城（区）名录

类别	数量	名称	
国家级生态示范区	64	南京市（5）	江宁区、浦口区、六合区、高淳区、溧水区
		无锡市（2）	江阴市、宜兴市
		徐州市（5）	铜山区、丰县、沛县、睢宁县、邳州市
		常州市（3）	武进区、溧阳市、金坛市
		苏州市（7）	吴中区、相城区、吴江区、常熟市、张家港市、昆山市、太仓市
		南通市（6）	通州区、海门市、如东县、启东市、如皋市、海安县
		连云港市（4）	赣榆、东海县、灌云县、灌南县
		淮安市（6）	楚州区、淮阴区、涟水县、洪泽县、盱眙县、金湖县
		盐城市（9）	盐都区、亭湖区、响水县、滨海县、阜宁县、射阳县、建湖县、东台市、大丰市
		扬州市（5）	扬州市、邗江区、江都区、宝应县、仪征市
		镇江市（4）	丹徒区、丹阳市、扬中市、句容市
		泰州市（4）	姜堰区、兴化市、靖江市、泰兴市
		宿迁市（4）	宿豫区、沭阳县、泗阳县、泗洪县
国家生态市（县、区）	35	南京市（4）	江宁区、浦口区、高淳区、溧水区
		无锡市（6）	无锡市、滨湖区、锡山区、惠山区、江阴市、宜兴市
		常州市（4）	常州市、武进区、溧阳市、金坛市
		苏州市（8）	苏州市、吴中区、相城区、吴江区、常熟市、张家港市、昆山市、太仓市
		南通市（3）	海安县、如东县、海门市
		扬州市（5）	扬州市、邗江区、宝应县、高邮市、江都区
		镇江市（5）	镇江市、扬中市、丹阳市、句容市、丹徒区
国家绿色生态示范城区	2	无锡市太湖新城、南京河西新城区	
国家绿色建筑产业集聚示范区	1	常州武进区	

续表

类别	数量	名称	
国家低碳城市试点	3	苏州市、淮安市、镇江市	
国家绿色低碳重点小城镇试点	1	常熟市海虞镇	
国家可再生能源建筑应用示范城市（县、镇）	20	南京市（1）	南京市
		无锡市（1）	无锡市
		苏州市（3）	昆山市、张家港市、海虞镇
		南通市（2）	如东县、海安县
		连云港市（3）	连云港市、赣榆县、东海县
		淮安市（2）	淮安市、涟水县
		扬州市（1）	扬州市
		宿迁市（4）	宿迁市、沭阳县、泗阳县、泗洪县
		追加推广面积示范市县(3)	南京市、赣榆县、海安县
国家环保模范城市	21	南京市（1）	南京市
		无锡市（3）	无锡市、江阴市、宜兴市
		徐州市（1）	徐州市
		常州市（3）	常州市、溧阳市、金坛市
		苏州市（6）	苏州市、吴江区、常熟市、张家港市、昆山市、太仓市
		南通市（2）	南通市、海门市
		淮安市（1）	淮安市
		扬州市（1）	扬州市
		镇江市（2）	镇江市、句容市
		泰州市（1）	泰州市
国家园林城市	23	南京市（1）	南京市
		无锡市（3）	无锡市、江阴市、宜兴市
		徐州市（1）	徐州市

续表

类别	数量	名称	
国家园林城市	23	常州市（2）	常州市、金坛区
		苏州市（6）	苏州市、吴江区、常熟市、张家港市、昆山市、太仓市
		南通市（2）	南通市、如皋市
		连云港市（1）	连云港市
		淮安市（1）	淮安市
		盐城市（1）	盐城市
		扬州市（2）	扬州市、江都区
		镇江市（1）	镇江市
		泰州市（1）	泰州市
		宿迁市（1）	宿迁市
国家园林县城	6	南京市（2）	高淳区、溧水区
		徐州市（1）	沛县
		淮安市（1）	金湖县
		盐城市（1）	射阳县
		扬州市（1）	宝应县

资料来源：根据环保部、住建部、国家发改委相关项目名单整理。

5. 住房建设

坚持住房保障与房地产市场两手抓，以政府为主提供基本住房保障，以市场为主满足多层次住房需求，努力构建符合江苏省情特点的住房保障与供应体系。2000年全省城镇人均住房面积19.2平方米（其中人均居住面积12.15平方米，人均辅助面积7.05平方米），2014年人均住房建筑面积39.5平方米；2000年全省农村人均住房面积33.7平方米，2014年农村人均住房建筑面积54.2平方米。

住房保障方面，全省形成以公共租赁住房为重点，以共有产权和棚户区改造为重要补充的住房保障体系框架，实现由单位保障向社会保障，由覆盖城镇户籍家庭向覆盖城镇各类住房困难群体，由单一保障向多层次保障的根本转变。2010—2014年，全省共新开工保障性安居工程173.7万套，其中：城市棚户区改造约89.69万套，公共租赁住房50.54万套，经济适用住房33.49万套，共计约500万城镇居民的居住条件得到明显改善。2014年全省保障性安居工程基本建成26.55万套（相比上年增加2.65万套）、新开工27.75万套，发放低收入住房困难家庭租赁补贴4.22万户，分别完成国家下达目标任务的115.43%、106.73%和192%，共完成投资约1136.5亿元。截至2014年底，全省城镇保障性住房覆盖率达到18.46%。住房公积金年度归集额超过1000亿元，公积金归集使用效率在全国各省区中名列第一，19万户职工家庭通过住房公积金改善住房条件。住宅分户验收一次性合格率达到97.1%。公租房和廉租房实现并轨运行，淮安市成为全国共有产权住房试点城市，常州市公租房社会化租赁模式被全国推广。

全面推进棚户区改造，2010—2014年，全省总计改造棚户区（危旧房）约90万户，2014年全省完成棚户区（危旧房）改造18.80万户。连续4年对棚户区改造等保障性安居工程新增建设用地计划实行计划单列、优先供应，年均下达新增建设用地指标1.2万亩左右。积极适应住房市场阶段性发展趋势，优化补偿安置方式，全面推动各地提高货币补偿安置比例，充分利用市场存量房源安置棚户危旧房区居民。

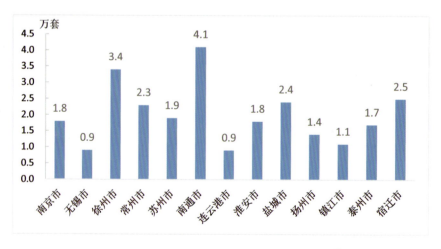

2014年分市保障性安居工程基本建成套数[①]

数据来源：江苏省住房和城乡建设厅。

[①] 全省保障性安居工程基本建成套数除13个设区市外，还包括省林业局、省监狱局、农垦集团各0.1万套。

在建筑产业转型方面,全省以住宅产业现代化为重点,推动以"标准化设计、工厂化生产、装配化施工、成品化装修、信息化管理"为特征的建筑产业现代化,截至2014年底,共建立了7个国家住宅产业化基地。2014年,江苏省被住房和城乡建设部列为建筑产业现代化试点省份以及建筑市场监管综合试点省份。

全省国家住宅产业化基地名录

序号	基地名称	认证时间
1	南京栖霞建设股份有限公司	2007.8
2	中南控股集团有限公司	2011.5
3	江苏新城地产股份有限公司	2011.5
4	江苏龙信建设集团	2011.12
5	苏州科逸住宅设备股份有限公司	2012.10
6	南京大地建设集团有限责任公司	2013.1
7	南通华新建工集团有限公司	2013.6

数据来源:江苏省住房和城乡建设厅。

6. 基础设施

(1)城市道路交通发展

① 道路桥梁设施

城市道路基础设施规模显著增长。截至2014年底,全省设市城市[①]道路总长39069.6公里,道路面积达到7.1亿平方米,桥梁数总计14013座,分别是2000年的3.55倍、5.32倍和3.23倍。全省县城[②]道路总长5325.31公里,道路面积1.03亿平方米,桥梁数总计829座,分别是2000年的3.24倍、3.84倍和1.90倍。2000—2014年全省设市城市人均道路面积由10.6平方米增长至23.9平方米;建成区道路网络密度由7.97公里/平方公

[①] 设市城市包括设区市市区和县级市城区。
[②] 县城:仅指县,不包括县级市。

里提升至 9.72 公里/平方公里；道路面积率由 9.66% 提升至 17.70%。

② 城市公共交通

城市公交优先发展战略逐步落实，大（中）运量公交从无到有，公交服务网络不断完善。截至 2014 年底，全省设区市市区城市公交出行分担率平均为 22.4%，实有公共汽（电）车营运线路 57734 公里，比上年增加 3831 公里，是 2000 年的 8.37 倍。其中，BRT 运营线路从无到有，达到 429.9 公里，含常州市 221.9 公里、盐城市 156 公里、连云港市 52 公里。

自 2005 年南京地铁 1 号线开通以来，全省累计建成投运轨道交通 12 条，运营总里程 311.6 公里，站点数量达 200 个。2014 年，全省每万人拥有公共交通车辆数量为 14.1 标台，比上年增加 1.4 标台，是 2000 年的 1.33 倍；出租汽车营运车数量 60712 辆，比上年增加 3927 辆，是 2000 年的 1.66 倍。

2014 年，城市公交客运总量为 69.25 亿人次，比上年增加 2.58 亿人次，同比增长 3.87%。城市公交出行分担率约为 22.4%，比上年增加 0.2 个百分点。

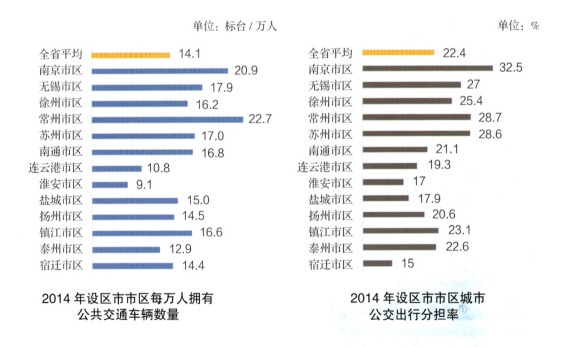

2014 年设区市市区每万人拥有公共交通车辆数量　　　　2014 年设区市市区城市公交出行分担率①

---

① 数据来源：江苏省交通运输厅。

2014 年全省城市公交客运量结构

公交方式	公共汽（电）车	出租汽车	城市轨道交通	客运轮渡
客运总量（亿人次）	46.1	16.7	6.4	0.05
占比（%）	66.6	24.1	9.2	0.1

数据来源：江苏省交通运输厅。

③ 私人汽车保有量

随着居民收入水平的不断提高、扩内需政策的持续出台、汽车产业的迅猛发展，汽车快速进入普通居民家庭。2000—2014 年，全省私人汽车保有量由 18.9 万辆增长至 935.7 万辆。其中，私人轿车保有量由 9.3 万辆增长至 665.6 万辆。

自 2008 年常州市首建公共自行车系统以来，全省公共自行车数量迅速增加。截至 2014 年底，全省共有 23 个城市建成公共自行车系统，实现了设区市全覆盖，车辆投放数量达 13.8 万辆。其中，昆山、常熟 2 个城市的步行与自行车系统实施工程于 2010 年被住房和城乡建设部确定为全国首批"城市步行和自行车交通系统示范项目"（全国共 6 个），徐州、苏州、南通、溧阳、常熟、如皋、扬中、宿迁等 8 个城市的步行与自行车系统实施工程被建设部确定为全国第三批"城市步行和自行车交通系统示范项目"。

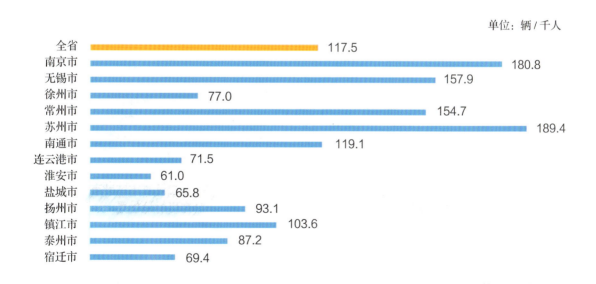

2014 年分市私人汽车千人保有量

（2）市政基础设施

2014年，全省城乡统筹区域供水乡镇覆盖率达88%，与上年相比，增加5个百分点，其中，苏锡常、宁镇扬泰通地区规划范围内的乡镇基本实现了城乡统筹区域供水全覆盖，苏北地区城乡统筹区域供水乡镇覆盖率达74%，城乡供水总服务人口约6827万人。全省57个县以上城市中，有51个城市已经建成了第二水源、应急备用水源或实现水源互备。全省累计建成152座城市公共供水厂，其中137座投入运行，全省总供水能力达到2633万立方米/日，与上年相比增长6%，年供水总量达57.07亿立方米；49个城市公共供水厂实施深度处理工艺，深度处理总能力达972万立方米/日，与上年相比增长33%。2014年，全省新增供水能力154万立方米/日，新增自来水深度处理能力241.5万立方米/日；新增区域供水通水乡镇66个，其中，南京、泰州地区4个，苏北地区62个；新增改造完成397个城市居民住宅小区的二次供水设施工程点。

2014年，全省城市（县城）污水处理率为92.38%，城市（县城）污水处理厂集中处理率为78.29%，城市（县城）已建成污水处理厂193座，处理能力达到1191万立方米/日。已建成镇级污水处理厂493座，处理能力为309万立方米/日。

2014年，全省城市（县城）生活垃圾无害化处理率为96.23%，与上年相比增长1.63个百分点；共建设无害化处理厂（场）76座，生活垃圾无害化处理能力为59784吨/日，其中，卫生填埋场40座、垃圾焚烧厂32座；建制镇生活垃圾无害化处理率为69.80%，与上年相比增长5.24个百分点。

7. 公共服务

（1）教育服务[①]

全省教育综合实力和整体水平不断提升。2010—2014年，普通高等学校增加10所，普通中等专业学校增加14所。2014年，全省共有普通高校134所，独立学院25所，成人高校9所，民办二级学院14所。全省普通高等教育在校生184.93万人，同比增加1.89万人；其中研究生在校生同比增加0.48万人，普通本专科在校生同比增加1.41万人。全省共有中等职业学校260所，其中普通中专174所（五年制高职32所、中等技术学校133所、

[①] 江苏省教育厅2014年江苏教育基本情况，2010年江苏省教育事业发展统计公报。

五年制高师校 9 所），成人中专 29 所，职业高中 57 所。基础教育方面，2014 年全省小学 4023 所，在校生 471.48 万人，专任教师 27.02 万人；初中 2077 所，在校生 185.20 万人，专任教师 17.48 万人；普通高中 567 所，在校生 103.42 万人，专任教师 9.65 万人。

2014 年，全省学前三年教育毛入园率 97.5%，九年义务教育巩固率 100%，高中阶段教育毛入学率 99.0%，高等教育毛入学率 51.0%。

（2）医疗卫生服务[①]

全省医疗卫生机构数量和服务水平稳步增长。2010—2014 年，医疗卫生机构总数增加 1039 个，其中医院增加 367 个，每万人拥有医师数由 16.4 人增长至 22.4 人，每万人拥有医院、卫生院床位数由 31.5 张增长至 45.8 张。截至 2014 年底，全省医疗卫生机构总数 3.2 万个，其中医院 1524 个，基层医疗卫生机构 2.89 万个，专业公共卫生机构 1295 个。医疗机构中，三级医疗机构 141 个，二级医疗机构 332 个，一级医疗机构 653 个。全省医疗机构床位 39.23 万张，其中医院占 78.84%，基层医疗卫生机构占 19.07%。2014 年居民到医疗卫生机构平均就诊 6.62 次，总诊疗人次中医院占 43.68%，基层医疗卫生机构占 54.03%。全省医疗机构病床使用率为 84.03%，其中医院 90.28%，乡镇卫生院 61.57%，社区卫生服务中心 50.08%。

（3）公共文化服务[②]

2010—2014 年，全省公共图书馆总藏量增加 1909.71 万册，增长 43.7%。截至 2014 年底，全省共有公共图书馆 114 个，总藏量 6279.68 万册，本年新增藏量 361.1 万册，同比增长 8.66%。与上年相比，书刊文献外借人次和外借册次分别增长 31.28%、12.13%，图书馆对市民的吸引力逐年加大。除徐州、常州、连云港外[③]，其它各设区市所辖县、市（区）实现公共图书馆全覆盖。

截至 2014 年底，全省共有文化馆 115 个，全年组织文艺活动 9321 次，同比增长 6.02%，全年组织文艺活动参加人次比上年增长 22.05 万人次。除徐州外，其它各设区市的县、市（区）

[①] 数据来源：2014 年江苏省卫生计生事业发展统计公报，2011 年江苏省卫生事业发展统计简报。
[②] 数据来源：江苏省 2014 年文化发展情况统计分析，江苏省 2011 年文化发展概况统计分析。
[③] 徐州、常州、连云港部分市辖区公共图书馆未实现全覆盖，所辖县（市）公共图书馆已实现全覆盖。

已实现文化馆全覆盖。全省共有文化站 1280 个，其中乡镇文化站 919 个，全年组织各类活动 6.07 万次，同比增长 11.8%。

全省共有各级非物质文化遗产保护机构（含非物质文化遗产保护中心）175 个。国家级非物质文化遗产名录项目 143 个，省级非物质文化遗产名录项目 375 个。

文化产业发展步伐加快，南京秦淮特色文化产业园被命名为第五批国家级文化产业试验园区，实现了江苏国家级文化产业园区零的突破；吴江静思园等 3 个园区被命名为第六批国家文化产业示范基地；常州恐龙园被评为最具影响力的国家文化产业示范基地。新命名 7 家省级文化产业示范园。2014 年全省文化产业增加值为 3001 亿元，占 GDP 比重为 5.0%。

8. 城市安全

（1）基础设施运行安全

2014 年，全省全面推进自来水厂深度处理建设和改造，印发了《江苏省城镇供水厂臭氧-生物活性炭工艺运行管理指南》，编制了《江苏省城镇供水水源突发性污染应急处理指导手册》；强化城镇污水垃圾处理设施运行监管，对全省县以上 186 座城市污水处理厂运行管理工作逐一进行考核；依据生活垃圾卫生填埋场和焚烧发电厂运行管理考核评价标准，强化生活垃圾处理设施运行管理，开发建设了"省级市容环卫信息化监管系统"一期工程；修订了《江苏省城市燃气重大事故应急预案》，共排查、整改燃气安全隐患 1 万多处；建设了省、市一体的城市桥梁信息管理系统，推进城市桥梁安全监管和信息化管理；印发了《江苏省城市排水防涝工作考核计分细则（试行）》，并对全省 13 个设区市的排水防涝工作进行全面考核。

（2）工程质量安全管理

2011—2014 年，全省累计监督各类房屋建筑工程 45 万个项目，建筑面积达 32 亿平方米。2014 年底，修订出台了《江苏省工程质量监督实施细则》，配套完善了 26 部建筑安装工程施工技术操作规程、10 余部质量安全标准规范、20 余项质量安全技术管理类规章制度和规范性文件，现行工程建设标准 120 余项、推荐性技术规程近 30 项、标准设计近 80 项，其中 20 多项标准填补了国内空白，全省住宅工程分户验收覆盖率 100%，验收合格率 100%。

2000—2014 年，全省累计获"鲁班奖"（江苏省内）工程由 21 项增加到 125 项，占全国比例由 3.42% 增加到 5.86%；国优奖（江苏省内）工程由 64 项增加到 201 项，占全国比例达到 9.1%。

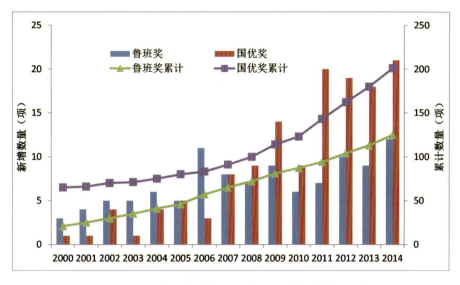

2000—2014年江苏省内鲁班奖与国优奖获奖项目数量

数据来源：江苏省住房和城乡建设厅。

（3）城市抗震安全

2010年全省启动城市应急避难场所规划建设工作。截至2014年底，全省13个设区市、34个县（市）完成城市抗震防灾规划或应急避难场所布局规划的编制，建成中心应急避难场所54处、固定应急避难场所369处，面积达3510.5万平方米，城市人均1平方米。已完成全省抗震防灾管理信息系统一期的研发，并在苏州、南通、宿迁三市开展试点。

9. 城市治理

（1）完善法规体系

自2000年以来，积极推动全省住房和城乡建设行业的法规体系完善。在城乡规划方面，出台或修订了《江苏省村镇规划建设管理条例》《江苏省太湖风景名胜区管理条例》《江苏省历史文化名城名镇保护条例》《江苏省城乡规划条例》《江苏省风景名胜区管理条例》《江苏省云台山风景名胜区管理条例》等；在房地产市场方面，出台或修订了《江苏省城市房屋拆迁管理条例》《江苏省城市房地产交易管理条例》《江苏省物业管理条例》《江苏省经济适用住房管理办法》《江苏省廉租住房管理办法》《江苏省公共租赁住房管理办法》等；在工程建设方面，出台或修订了《江苏省工程建设管理条例》《江苏省建筑市场条例》《江苏省绿色建筑发展条例》《江苏省建设工程勘察设计管理办法》《江苏省城建档案管理办法》《江苏省房屋建筑和市政基础设施工程质量监督管理办法》《江苏省建筑节能管理办法》等；在城市建设方面，出台或修订了《江苏省燃气管理条例》《江苏省城乡供水管理条例》《江苏省城市市容和环境卫生管理条例》《江苏省餐厨废弃物管理办法》等。

（2）智慧城市建设

全省国家智慧城市试点市（区、县、镇）共25个，其中首批试点9个，2013年度试点10个，2014年度试点6个。推进《江苏省国家智慧城市（试点）建设验收标准》制定，科学合理开展国家智慧城市（试点）验收考核。截至2014年底，试点城市基本建成覆盖主城区的"网络基础设施"，实现了主城区WLAN网络覆盖率80%以上，区域4G网络全覆盖、重点区域WIFI热点全覆盖。50%的试点城市完成了城市公共信息平台运行中心建设。试点城市全部完成"数字化城管"建设，实现"规划一张图"系统，建成建筑市场数字化管理系统和数字化房产管理系统。70%的试点城市建成了供水系统监控平台，实现了从水源地到用户的水压和水质管理，监控率达到80%以上。试点城市在原有政务网站的基础上进一步深化服务内容，提供智能化的政务服务和便民服务。

（3）城市建设管理

大力推进数字化城管建设等工作，制定出台《江苏省数字化城市管理系统建设管理办法》《江苏省数字化城市管理系统验收标准》，以及《县（市）数字化城市管理建设工作方案编制指南》和《县（市）数字化城市管理实施方案参考范本》。截至2014年底，全省52个城市的数字化城管取得积极进展，其中已建成运行或试运行的城市39个，江苏省城市数字化城管系统完成数量和整体水平位居全国前列。组织开展省优秀管理城市、城市管理示范路和示范社区创建，6个城市被省政府批准命名为"江苏省优秀管理城市"[①]，全省共新增创建"江苏省城市管理示范路"86条、"江苏省城市管理示范社区"85个，达到了"以创建促建设、以建设促管理、以管理促规范、以规范促提升"的良好效果，带动提升了全省城市管理水平。

---

① 江苏省优秀管理城市为常州市、南通市、扬州市、张家港市、如皋市、扬中市。

02

Index

指标篇

◇ 全省城市发展指标
◇ 设区市城市发展指标
◇ 县（市）城市发展指标

一、全省城市发展指标

2014 年全省城市发展指标

类别	序号		指标	2020 年目标值	2014 年实现值
经济可持续	1	国民经济核算	GDP（亿元）	—	65088.32
			人均 GDP（万元）	13	8.19
			服务业增加值占 GDP 比重（%）	60	47.01
	2		现代农业发展水平（%）	90	78.1
	3		高新技术企业产值占规模以上工业总产值比重（%）	45	40.05
	4		自主品牌企业增加值占 GDP 比重（%）	15	14.6
	5	财政收入	公共财政预算收入（亿元）	—	7233.14
			人均公共财政预算收入（万元）	—	0.91
	6		人均社会消费品零售额（万元）	—	2.95
	7		人均存款余额（万元）	—	4.60
	8		万人发明专利拥有量（件）	12	10.24
社会文明	9		城镇化率（%）	70	65.2
	10		城镇就业人口占城镇人口比重（%）	—	58.36
	11		城乡居民收入比	2.2	2.3
	12		基尼系数	<0.4	<0.4
	13		每千名老人拥有养老床位数（张）	40	37.3
	14	基本社会保障	城乡基本养老保险覆盖率（%）	98	97.0
			城乡基本医疗保险覆盖率（%）	98	97.1
			城乡最低生活保障标准并轨覆盖率（%）	100	45.9
文化繁荣	15		文化产业增加值占 GDP 比重（%）	6	5.0
	16		人均拥有公共文化体育设施面积（平方米）	2.8	2.88
	17		城乡家庭宽带接入能力（Mbps）	≥100	50（城）12（乡）

续表

类别	序号		指标	2020年目标值	2014年实现值
宜居城市	18		公共图书馆总流通人次（万人次）	—	5424.54
	19		社区（村）综合文化服务中心覆盖率（%）	100	98.8
	20	住房保障	城镇住房保障体系健全率（%）	99	84.3
			城市棚户区改造项目完成户数（万户）	—	21.70
			住房公积金个贷率（%）	—	91.33
	21	公共交通	城市居民公共交通出行分担率（%）	26	22.4
			镇村公共交通开通率（%）	100	54.6
	22		城乡统筹区域供水覆盖率（%）	95	88.49
	23		城市管道燃气普及率（%）	—	66.81
	24	污水处理	城镇污水达标处理率（%）	95	88.14
			城市污水处理厂集中处理率（%）	—	78.29
			建制镇污水处理设施覆盖率（%）	100	83
	25		城镇绿化覆盖率（%）	40	36.76
	26		林木覆盖率（%）	24	22.2
	27	生活垃圾	生活垃圾无害化处理率（%）	95	78.32
			城乡生活垃圾焚烧占比（%）	—	60.7
	28		城镇新建建筑中绿色建筑比例（%）	90	13.7
城市治理	29		省级和国家级优秀管理社区数量（个）[①]	—	58
	30		较大生产安全事故数量（起）	—	39
	31		12319城市管理公共服务平台市民反应处置率（%）	—	98.03

注：2020年目标值主要来源于全省基本实现现代化目标。现代化目标中未有的指标"城乡最低生活保障标准并轨覆盖率""城乡家庭宽带接入能力""城乡统筹区域供水覆盖率""城镇新建建筑中绿色建筑比例"目标值来源于《江苏省新型城镇化与城乡发展一体化规划（2014—2020）》；"城市污水处理厂集中处理率""建制镇污水处理设施覆盖率"目标值来源于《江苏省城镇体系规划（2015—2030年）》。

[①] 资料来源：《住房城乡建设部关于公布2013年度全国物业管理示范住宅小区（大厦、工业区）名单的通知》（建房〔2014〕38号）、《省住房城乡建设厅关于公布2013年度物业管理省级优秀项目名单的通知》（苏建房管〔2014〕494号）。2014—2015年度此两项评比暂停。

二、设区市城市发展指标

1. 经济可持续

2014年设区市经济可持续相关指标

	国民经济核算			现代农业发展水平（%）	高新技术企业规模以上工业产值占总产值比重（%）	财政收入		人均社会消费品零售额（万元）	人均存款余额（万元）	万人发明专利拥有量（件）
	GDP（亿元）	人均GDP（万元）	服务业增加值占GDP比重（%）			公共财政预算收入（亿元）	人均公共财政预算收入（元）			
南京市	8820.75	10.75	56.49	84.0	43.49	903.49	10997	5.07	6.15	25.22
无锡市	8205.31	12.64	48.40	85.1	42.36	768.01	11815	4.01	6.68	18.37
徐州市	4963.91	5.77	45.21	75.5	35.54	472.33	5474	2.43	2.76	2.43
常州市	4901.87	10.44	48.05	83.8	43.54	433.88	9239	3.84	6.25	13.87
苏州市	13760.89	12.99	48.43	85.4	45.00	1443.82	13616	3.86	6.37	18.51
南通市	5652.69	7.75	44.24	78.2	43.23	550.00	7536	2.97	6.31	11.53
连云港市	1965.89	4.43	41.42	75.4	34.31	261.77	5880	1.66	2.08	2.73
淮安市	2455.39	5.07	44.08	74.6	26.11	308.51	6358	1.78	2.15	1.78
盐城市	3835.62	5.31	40.77	77.3	28.25	418.02	5788	1.82	2.86	1.74
扬州市	3697.91	8.27	42.86	77.9	43.90	295.19	6592	2.52	4.73	4.61
镇江市	3252.44	10.27	46.12	80.8	48.25	277.76	8758	3.17	4.95	12.87
泰州市	3370.89	7.27	43.44	77.8	41.12	277.95	5992	1.95	4.28	4.21
宿迁市	1930.68	4.00	38.90	74.5	19.75	210.10	4338	1.17	1.68	0.73

注：人均公共财政预算收入按常住人口计算。

2. 社会文明

2014年设区市社会文明相关指标

	城镇化率（%）	城乡居民收入比	每千名老人拥有养老床位数（张）	基本社会保障		城乡最低生活保障标准比
				城乡基本养老保险覆盖率（%）	城乡基本医疗保险覆盖率（%）	
南京市	80.9	2.41	42.6	98.4	98.2	1.01
无锡市	74.5	1.87	40.7	98.3	98.2	1.04
徐州市	59.5	1.88	38.6	96.6	96.1	1.68
常州市	68.7	1.96	45.6	98.3	98.2	1.09
苏州市	74.0	1.98	44.8	98.3	98.3	1.00
南通市	61.2	2.11	29.7	96.8	97.3	1.27
连云港市	57.1	2.02	35.2	95.9	96.1	1.33
淮安市	56.5	2.15	31.0	95.4	95.8	1.36
盐城市	58.5	1.79	36.5	96.6	97.1	1.32
扬州市	61.2	1.98	29.7	97.0	97.2	1.14
镇江市	66.6	2.03	39.2	97.7	97.8	1.00
泰州市	60.2	2.08	29.7	96.8	97.7	1.13
宿迁市	53.7	1.75	45.9	95.8	95.8	1.21

注：城乡最低生活保障标准并轨覆盖率无设区市数据，用城乡最低生活保障标准比（城市低保标准/农村低保标准）替代。

3. 文化繁荣

2014 年设区市文化繁荣相关指标

	文化产业增加值占GDP比重（%）	人均拥有公共文化体育设施面积（平方米）	固定宽带家庭普及率（%）	公共图书馆总流通人次（万人次）	社区（村）综合文化服务中心覆盖率（%）
南京市	5.8	3.15	102.43	453.84/750.14	99.84
无锡市	4.1	2.88	95.75	488.12	100
徐州市	3.4	2.66	38.75	145.78	97.39
常州市	5.6	3.19	90.30	206.00	100
苏州市	5.6	3.42	135.98	2129.35	99.75
南通市	4.7	2.63	45.67	251.97	99.27
连云港市	3.2	2.47	48.44	239.17	99.94
淮安市	4.1	2.70	35.90	122.40	97.17
盐城市	3.2	2.94	33.68	349.76	98.82
扬州市	4.0	2.76	55.17	194.71	97.68
镇江市	5.2	3.03	61.19	272.71	100
泰州市	2.9	2.45	44.58	211.72	100
宿迁市	3.8	2.67	36.99	62.71	96.48

注：社区（村）综合文化服务中心覆盖率为根据《江苏文化统计年鉴 2014》中相关统计数据及江苏省文化厅提供的缺失文化服务中心数据测算。南京市公共图书馆总流通人次包括南京市级公共图书馆（453.84 万人次）以及省级图书馆（南京图书馆），合计 750.14 万人次。城乡家庭宽带接入能力（Mbps）全省、市县按标准统一配建，本表采用固定宽带家庭普及率（%）替代，按照互联网宽带接入用户数/年末总户数计算，其中互联网宽带接入用户包含了家庭、企事业用户等。

4. 宜居城市

2014年设区市宜居城市相关指标

	住房保障			公共交通				污水处理				生活垃圾		
	城镇住房保障体系健全率（%）	城市棚户区改造项目完成户数（万户）	住房公积金个贷率（%）	城市居民公共交通出行分担率（%）	镇村公共交通开通率（%）	城乡统筹区域供水覆盖率（%）	城市管道燃气普及率（%）	城市污水处理厂集中处理率（%）	建制镇污水处理设施覆盖率（%）	城市建成区绿化覆盖率（%）	林木覆盖率（%）	城市生活垃圾无害化处理率（%）	城乡生活垃圾焚烧占比（%）	城镇新建建筑中绿色建筑比例（%）
南京市	84.67	1.21	100.59	32.5	100	100	67.31	65.41	89	44.14	29.4	92.16	20.43	17.55
无锡市	84.00	0.29	80.02	27.0	100	100	89.86	87.06	100	42.80	26.6	100	69.41	11.88
徐州市	80.95	5.55	85.61	25.4	25.9	70.63	72.32	86.51	98	42.67	32.6	91.18	47.81	15.14
常州市	86.77	0.66	96.17	28.7	100	90.69	98.05	89.11	100	42.79	25.1	100	69.85	8.72
苏州市	86.49	0.72	82.98	28.6	100	100	87.39	79.63	100	42.93	20.4	100	80.26	23.24
南通市	85.53	4.32	99.62	21.1	55.6	100	74.59	86.24	99	41.73	22.0	100	89.70	7.99
连云港市	78.37	0.37	89.11	19.3	34.1	62.24	76.53	70.10	49	40.12	28.9	95.19	65.22	16.31
淮安市	83.51	1.57	95.57	17.0	31.9	67.80	61.17	77.56	96	40.98	27.1	90.29	60.11	9.41
盐城市	82.76	1.31	92.32	17.9	16.5	96.53	69.31	75.62	70	40.84	25.6	100	50.39	21.63
扬州市	82.15	0.53	89.83	20.6	46.0	100	74.01	84.40	91	42.68	23.3	98.95	41.39	7.88
镇江市	85.28	1.86	97.01	23.1	100	100	73.96	79.92	97	41.90	26.8	100	72.94	7.66
泰州市	82.50	0.73	91.75	22.6	49.0	100	45.14	63.40	90	40.81	22.7	100	85.65	13.21
宿迁市	80.70	1.61	84.20	15.0	57.7	68.10	37.82	82.97	51	41.47	30.1	79.09	59.08	0

5. 城市治理

2014 年设区市城市治理相关指标

	省级和国家级优秀管理社区数量（个）	较大生产安全事故数量（起）	12319 城市管理公共服务平台市民反应处置率（%）
南京市	12	7	96.9
无锡市	7	2	98.0
徐州市	4	4	98.3
常州市	3	3	91.4
苏州市	7	5	99.9
南通市	5	3	99.9
连云港市	3	6	100
淮安市	3	1	100
盐城市	3	2	100
扬州市	5	1	91.0
镇江市	3	1	100
泰州市	0	3	99.4
宿迁市	3	1	100

三、县（市）城市发展指标

1. 经济可持续

2014年县（市）经济可持续相关指标

	国民经济核算			现代农业发展水平（%）	财政收入		人均社会消费品零售额（万元）	人均存款余额（万元）	万人发明专利拥有量（件）
	GDP（亿元）	人均GDP（万元）	服务业增加值占GDP比重（%）		公共财政预算收入（亿元）	人均公共财政预算收入(元)			
江阴市	2753.95	16.87	43.11	86.9	200.66	12275	3.93	5.74	11.05
宜兴市	1233.89	9.86	43.83	81.3	94.45	7546	3.71	6.55	10.86
丰县	341.63	3.61	36.50	76.0	38.12	4030	1.25	2.01	0.55
沛县	564.96	5.08	39.60	81.3	53.13	4774	1.73	2.27	0.71
睢宁县	419.97	4.11	39.66	68.5	38.63	3782	1.37	2.10	0.31
新沂市	473.54	5.22	45.64	71.2	45.82	5050	1.50	1.86	0.65
邳州市	684.48	4.78	42.96	77.7	55.58	3878	1.38	1.78	0.85
溧阳市	716.29	9.42	41.50	82.7	50.62	6659	3.41	5.45	7.92
金坛市	471.48	8.45	42.00	83.4	30.12	5398	3.54	5.36	5.43
常熟市	2009.36	13.32	45.26	84.0	147.40	9764	4.10	6.77	16.92
张家港市	2180.25	17.41	44.27	85.5	162.66	12987	3.66	7.00	15.32
昆山市	3001.02	18.22	42.87	87.4	263.66	15976	3.94	5.88	21.37
太仓市	1065.33	15.05	44.44	85.3	106.47	15028	3.37	6.36	17.09
海安县	624.14	7.21	43.06	83.9	54.10	6246	2.56	6.53	15.57
如东县	615.51	6.26	41.63	75.2	50.01	5093	2.63	4.88	7.53
启东市	739.13	7.72	41.56	77.0	67.25	7035	2.79	6.67	8.79
如皋市	743.64	5.92	41.53	78.3	67.45	5370	2.24	4.59	9.11
海门市	836.50	9.27	41.16	81.3	68.57	7599	3.13	6.94	10.86

续表

| | 国民经济核算 | | | 现代农业发展水平（%） | 财政收入 | | 人均社会消费品零售额（万元） | 人均存款余额（万元） | 万人发明专利拥有量（件） |
	GDP（亿元）	人均GDP（万元）	服务业增加值占GDP比重（%）		公共财政预算收入（亿元）	人均公共财政预算收入(元)			
东海县	359.32	3.76	38.75	72.3	37.20	3880	1.45	1.70	0.97
灌云县	274.98	3.45	34.32	72.8	35.59	4460	1.19	1.48	0.45
灌南县	259.25	4.14	33.07	79.4	35.12	5586	1.19	1.32	1.02
涟水县	302.35	3.58	43.51	66.9	29.72	3516	1.23	1.64	0.50
洪泽县	207.35	6.18	43.21	77.6	22.23	6602	2.23	2.07	0.89
盱眙县	290.04	4.47	42.33	75.0	30.77	4732	1.52	1.88	2.72
金湖县	193.61	5.88	45.93	77.8	21.40	6477	2.18	3.10	3.27
响水县	222.00	4.42	35.46	74.3	27.82	5536	1.07	1.34	1.17
滨海县	328.19	3.48	41.58	73.5	33.45	3548	0.94	1.40	1.24
阜宁县	330.62	3.94	39.82	75.4	33.57	4002	1.25	2.31	0.87
射阳县	370.10	4.15	42.82	75.6	17.50	1963	1.52	2.21	0.66
建湖县	392.00	5.32	43.74	74.8	44.76	6073	1.89	2.95	1.02
东台市	610.33	6.19	43.24	81.5	61.31	6214	2.06	4.31	1.19
大丰市	486.70	6.94	43.89	77.4	60.02	8551	1.98	3.91	3.36
宝应县	418.30	5.55	39.90	75.5	27.28	3616	1.63	3.03	1.91
仪征市	465.06	8.26	40.46	77.0	34.66	6145	1.63	4.40	2.25
高邮市	445.20	6.02	40.73	78.1	29.32	3967	1.88	3.64	1.93
丹阳市	1008.96	10.32	43.92	81.3	64.16	6556	2.61	4.63	5.24
扬中市	445.35	13.05	44.14	79.2	30.72	8993	3.34	6.97	13.09
句容市	440.96	7.07	42.70	77.4	35.91	5754	1.86	3.81	7.51
兴化市	624.83	4.98	43.45	75.9	36.95	2945	1.12	2.98	1.24
靖江市	666.19	9.71	44.61	79.9	54.04	7872	2.11	5.56	4.27
泰兴市	675.84	6.28	41.46	78.7	45.08	4186	1.59	3.56	4.03
沭阳县	579.96	3.75	40.10	75.2	64.04	4126	0.94	1.56	0.63
泗阳县	332.24	3.94	32.69	75.6	30.05	3556	0.95	1.74	0.72
泗洪县	330.00	3.65	41.43	74.8	28.01	3112	0.93	1.65	0.60

注：人均公共财政预算收入按常住人口计算。

2. 社会文明

2014 年县（市）社会文明相关指标

	城镇化率（%）	城乡居民收入比	每千名老人拥有养老床位数（张）	基本社会保障		城乡最低生活保障标准比
				城乡基本养老保险覆盖率（%）	城乡基本医疗保险覆盖率（%）	
江阴市	68.4	1.96	41.3	98.2	98.0	1.00
宜兴市	63.8	1.96	41.1	98.1	98.0	1.00
丰县	47.4	1.65	35.6	95.6	96.5	1.86
沛县	49.4	1.74	37.2	96.2	96.0	1.86
睢宁县	47.6	1.70	31.3	96.6	95.3	1.86
新沂市	49.8	1.73	40.7	96.4	96.4	1.86
邳州市	49.6	1.88	31.7	96.2	96.4	1.86
溧阳市	57.1	1.95	47.5	98.1	98.1	1.00
金坛市	58.0	1.97	34.5	98.0	98.0	1.00
常熟市	66.0	1.96	48.1	98.7	98.3	1.00
张家港市	66.0	1.98	51.3	98.2	98.3	1.00
昆山市	71.2	1.96	50.1	98.9	98.6	1.00
太仓市	65.3	1.97	51.9	98.7	98.3	1.00
海安县	53.6	2.08	27.9	96.4	97.4	1.47
如东县	52.6	2.18	27.7	95.8	96.7	1.47
启东市	53.7	1.89	28.5	96.0	96.1	1.46
如皋市	53.6	2.18	29.5	96.3	97.2	1.47
海门市	55.6	1.97	34.7	96.3	96.8	1.46
东海县	48.2	1.90	31.1	95.0	96.7	1.28
灌云县	45.6	1.79	35.6	95.3	95.3	1.16
灌南县	45.6	1.99	30.1	95.2	95.1	1.28

续表

	城镇化率（%）	城乡居民收入比	每千名老人拥有养老床位数（张）	基本社会保障		
				城乡基本养老保险覆盖率（%）	城乡基本医疗保险覆盖率（%）	城乡最低生活保障标准比
涟水县	47.7	1.91	31.0	95.2	95.1	1.36
洪泽县	48.9	1.96	36.7	95.2	96.0	1.36
盱眙县	48.6	2.14	36.3	95.1	96.5	1.36
金湖县	48.9	1.99	24.1	95.2	95.9	1.36
响水县	51.2	1.81	28.4	95.8	96.6	1.32
滨海县	50.5	1.79	29.1	95.7	96.0	1.32
阜宁县	51.7	1.66	44.4	96.4	97.0	1.32
射阳县	54.1	1.62	22.0	95.7	96.0	1.32
建湖县	54.8	1.76	38.6	96.8	96.6	1.32
东台市	56.3	1.68	47.0	96.6	96.5	1.32
大丰市	56.0	1.61	40.3	96.6	96.1	1.32
宝应县	49.1	1.60	25.5	96.4	96.9	1.43
仪征市	52.4	2.09	33.8	96.3	96.8	1.39
高邮市	49.8	1.86	27.5	95.6	97.0	1.39
丹阳市	56.9	1.96	34.1	97.3	97.3	1.00
扬中市	59.0	1.95	39.5	97.4	98.0	1.00
句容市	53.9	2.18	37.7	96.8	97.5	1.00
兴化市	50.9	2.01	29.2	97.1	97.1	1.43
靖江市	60.8	2.04	34.3	97.2	98.0	1.00
泰兴市	55.9	2.06	36.4	96.8	97.3	1.43
沭阳县	51.9	1.72	37.6	96.5	95.9	1.21
泗阳县	51.6	1.70	45.7	95.8	96.3	1.21
泗洪县	51.2	1.70	51.2	95.0	95.4	1.21

注：城乡最低生活保障标准并轨覆盖率无县（市）数据，用城乡最低生活保障标准比（城市低保标准/农村低保标准）替代。

3. 文化繁荣

2014年县（市）文化繁荣相关指标

	文化产业增加值占GDP比重（%）	人均拥有公共文化体育设施面积（平方米）	固定宽带家庭普及率（%）	公共图书馆总流通人次（万人次）	社区（村）综合文化服务中心覆盖率（%）
江阴市	2.9	2.97	147.84	193.00	100
宜兴市	3.4	3.03	98.03	26.30	100
丰县	4.1	2.58	25.10	10.30	100
沛县	2.4	2.49	30.35	15.30	87.07
睢宁县	3.9	1.59	30.28	3.20	100
新沂市	2.5	1.70	33.27	5.71	100
邳州市	2.9	1.17	27.43	52.37	100
溧阳市	5.0	2.94	54.66	22.16	100
金坛市	4.8	3.07	57.40	30.70	100
常熟市	5.9	3.40	143.16	201.36	100
张家港市	4.0	3.92	111.50	182.05	100
昆山市	5.5	5.24	235.21	169.00	100
太仓市	4.3	2.51	144.70	93.36	99.15
海安县	4.2	2.19	69.04	29.84	100
如东县	4.4	2.90	56.52	41.82	100
启东市	4.1	2.51	49.69	15.72	100
如皋市	4.6	2.93	56.66	61.90	100
海门市	4.7	2.68	56.45	18.00	97.39
东海县	4.7	2.34	60.12	105.4	100
灌云县	2.6	2.42	39.67	5.7	100
灌南县	1.6	2.51	40.43	7.89	100

续表

	文化产业增加值占GDP比重（%）	人均拥有公共文化体育设施面积（平方米）	固定宽带家庭普及率（%）	公共图书馆总流通人次（万人次）	社区（村）综合文化服务中心覆盖率（%）
涟水县	3.1	2.75	21.21	0.92	100
洪泽县	3.4	1.26	36.14	15.97	100
盱眙县	4.5	2.71	28.05	1.60	95.51
金湖县	1.8	1.22	32.76	13.00	80.77
响水县	2.2	2.67	44.23	3.00	100
滨海县	4.2	2.69	31.30	5.60	100
阜宁县	3.8	3.03	30.49	19.52	100
射阳县	2.6	2.87	37.63	20.00	100
建湖县	4.1	3.03	38.14	11.04	100
东台市	2.9	2.86	38.95	25.31	100
大丰市	3.4	3.08	53.64	85.61	100
宝应县	3.5	3.22	47.65	14.50	100
仪征市	3.5	2.44	65.67	32.96	100
高邮市	3.4	2.49	53.61	15.90	100
丹阳市	3.9	2.99	86.12	30.40	100
扬中市	4.1	2.93	77.86	17.16	100
句容市	4.6	2.72	49.74	18.95	100
兴化市	2.1	2.39	36.66	21.55	100
靖江市	1.9	2.47	83.18	53.95	100
泰兴市	3.6	2.56	53.32	42.50	100
沭阳县	4.6	2.17	46.64	6.00	100
泗阳县	3.8	5.11	43.20	22.28	100
泗洪县	4.0	2.14	42.44	11.50	100

注：城乡家庭宽带接入能力（Mbps）全省、市县按标准统一配建，本表采用固定宽带家庭普及率（%）替代，按照互联网宽带接入用户数/年末总户数计算，其中互联网宽带接入用户包含了家庭、企事业用户等。社区（村）综合文化服务中心覆盖率为根据《江苏文化统计年鉴2014》中相关统计数据及江苏省文化厅提供的缺失文化服务中心数据测算。

4. 宜居城市

2014年县（市）宜居城市相关指标

	住房保障			污水处理				林木覆盖率（%）	生活垃圾	
	城镇住房体系保障健全率（%）	城市棚户区改造项目竣工成户数（户）	城乡统筹区域供水覆盖率（%）	城市管道燃气普及率（%）	城市污水处理厂集中处理率（%）	建制镇污水处理设施覆盖率（%）	城市建成区绿化覆盖率（%）		城市生活垃圾无害化处理率（%）	城乡生活垃圾焚烧占比（%）
江阴市	82.06	0	100	90.36	80.00	100	42.53	23.92	100	100
宜兴市	81.58	662	100	68.61	77.57	100	42.79	28.92	100	100
丰县	79.57	5011	57.14	96.45	81.79	92	40.50	40.10	100	0
沛县	71.97	5854	73.33	55.29	87.04	100	41.88	26.10	100	0
睢宁县	78.40	5024	31.25	11.35	66.47	100	40.12	38.50	0	0
新沂市	92.09	5077	87.50	21.97	76.12	93	41.03	30.20	100	0
邳州市	73.22	5316	66.67	25.83	61.07	100	42.43	34.90	96.04	0
溧阳市	86.35	1074	30	85.65	94.61	100	42.36	30.37	100	11.37
金坛市	85.53	4877	100	83.05	90.76	100	41.72	26.04	100	74.08
常熟市	80.41	721	100	59.48	78.88	100	45.14	17.60	100	100
张家港市	85.78	422	100	82.72	89.11	100	43.84	19.30	100	95.10
昆山市	72.27	0	100	90.42	73.05	100	44.15	18.40	100	100
太仓市	90.47	1359	100	71.48	94.18	100	42.35	16.61	100	100
海安县	85.08	5642	100	66.38	74.01	100	40.06	24.00	100	100

续表

	住房保障		城乡统筹区域供水覆盖率（%）	城市管道燃气普及率（%）	污水处理		城市建成区绿化覆盖率（%）	林木覆盖率（%）	生活垃圾	
	城镇住房保障体系健全率（%）	城市棚户区改造项目竣工户数（户）			城市污水处理厂集中处理率（%）	建制镇污水处理设施覆盖率（%）			城市生活垃圾无害化处理率（%）	城乡生活垃圾焚烧占比（%）
如东县	81.15	7945	100	16.39	78.11	92	40.83	22.50	100	100
启东市	86.51	4600	100	100	80.86	100	40.57	19.80	100	100
如皋市	74.47	5031	100	100	85.37	100	40.84	24.40	100	60.98
海门市	84.34	3698	100	31.74	91.48	100	40.58	20.50	100	100
东海县	69.89	57	40.91	34.08	86.50	92	41.13	28.60	100	0
灌云县	72.54	395	73.91	43.36	77.14	33	40.00	28.70	69.39	100
灌南县	74.78	255	28.57	15.31	57.43	0	40.00	29.00	91.11	0
涟水县	72.60	363	50	36.09	81.00	81	40.75	27.80	100	0
洪泽县	88.74	579	75.00	31.22	80.90	100	39.66	22.30	100	0
盱眙县	87.67	861	100	41.43	63.93	100	41.88	31.00	0	0
金湖县	84.72	817	72.73	19.64	72.48	100	41.48	24.60	100	0
响水县	89.72	730	100	29.02	64.96	86	40.82	26.80	100	0
滨海县	81.78	707	66.67	24.17	43.17	18	40.92	30.50	100	0
阜宁县	83.59	1006	100	32.79	80.94	92	41.05	25.20	100	0
射阳县	83.95	502	100	29.51	80.74	56	41.00	28.00	100	0
建湖县	86.08	2920	100	32.01	85.29	64	40.44	22.30	100	100

续表

	住房保障			城市管道燃气普及率（%）	污水处理		城市建成区绿化覆盖率（%）	林木覆盖率（%）	生活垃圾	
	城镇住房保障体系健全率（%）	城市棚户区改造项目完成户数（户）	城乡统筹区域供水覆盖率（%）		城市污水处理厂集中处理率（%）	建制镇污水处理设施覆盖率（%）			城市生活垃圾无害化处理率（%）	城乡生活垃圾焚烧占比（%）
东台市	80.82	4044	100	25.00	78.76	100	41.24	26.40	100	0
大丰市	82.90	1711	100	55.43	64.94	100	41.39	26.80	100	100
宝应县	81.38	200	100	51.31	78.93	100	41.78	20.60	100	0
仪征市	77.11	502	100	54.76	71.90	100	40.99	29.30	91.54	0
高邮市	82.83	2175	100	47.25	80.65	100	41.40	23.40	100	0
丹阳市	81.14	913	100	66.33	63.00	100	40.79	21.68	100	100
扬中市	79.80	100	100	63.30	88.59	100	40.00	19.41	100	100
句容市	81.08	2559	100	42.51	74.99	100	41.28	30.02	100	0
兴化市	81.03	320	100	66.19	78.89	86	40.00	18.40	100	0
靖江市	80.78	643	100	19.36	60.83	100	41.85	26.50	100	100
泰兴市	75.28	2621	100	68.93	80.00	100	41.20	24.30	100	100
沭阳县	80.50	6982	73.68	41.65	83.58	16	40.58	28.90	21.70	100
泗阳县	70.83	5240	100	55.06	83.96	100	41.19	36.60	100	0
泗洪县	82.83	2475	22.22	50.09	77.10	85	41.47	25.80	100	0

03

Subjects

专题篇

◇ 省级空间规划引领
◇ 优化镇村布局规划
◇ 历史文化保护
◇ 城市环境综合整治
◇ 村庄环境整治
◇ 绿色建筑与建筑节能
◇ 城乡统筹区域供水
◇ 污水治理建制镇全覆盖
◇ 城乡垃圾统筹与无害化处理

一、省级空间规划引领

2000年以来,江苏省住房和城乡建设厅持续组织编制省级空间规划,包括全省城镇体系规划、区域城镇体系规划和区域风景路规划,明确省级空间战略,持续引导全省城镇化空间格局优化。

1. 省域城镇体系规划

2002年国务院同意批复的《江苏省城镇体系规划(2001—2020年)》提出"大力推进特大城市和大城市建设,积极合理发展中小城市,择优培育重点中心镇,全面提高城镇发展质量"的城镇化方针,明确全省"三圈五轴"的城镇空间结构,为指导全省城镇及区域发展奠定了空间框架。

2015年国务院同意批复的《江苏省城镇体系规划(2015—2030年)》提出适应江苏高密度地区特点的"紧凑城镇、开敞区域"的省域空间战略,形成"一带两轴,三圈一极"的城镇空间布局结构,建设苏南丘陵和苏北苏中水乡两片特色发展地区,引导全省空间结构优化。

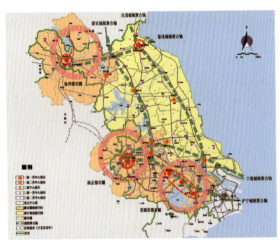

江苏省城镇体系规划(2001—2020年)
城镇空间组织规划图

江苏省城镇体系规划(2015—2030年)
城镇空间结构规划图

2. 都市圈规划

《江苏省城镇体系规划（2001—2020年）》在全国率先提出都市圈战略，其后相继编制完成了《苏锡常都市圈规划》《南京都市圈规划》《徐州都市圈规划》，引领都市圈地区的协同发展。

《南京都市圈规划（2002—2020年）》对南京都市圈的空间布局、产业发展、基础设施建设、生态建设与环境保护、区域空间管制等方面提出了具体的发展要求。按照"提升核心、带动圈层、推进一体化、辐射中西部"的原则，将南京都市圈建设成为全国主要的科技创新基地，长三角辐射中西部地区发展的枢纽和基地，以宁镇扬一体化为基础，促进区域基础设施、公共服务一体化。

《徐州都市圈规划（2002—2020年）》《徐州都市圈规划（2015—2030年）》提出建设徐州"一带一路"节点城市，推进东中西联动双向开放合作，探索跨省区域协同创新示范路径。从枢纽强化、公共服务提升、创新制造转型等方面探索徐州区域中心城市功能提升路径，从跨界空间协调、交通互联互通、生态环境共保、跨省产业合作、公共服务一体化等方面探索区域协同发展路径。

先后编制了《苏锡常都市圈规划（2002—2020年）》《苏锡常都市圈绿化系统规划》《苏锡常地区区域供水规划》《苏锡常都市圈轨道交通规划》《苏南现代化建设示范区城镇体系规划（2013—2030年）》等，引导苏锡常都市圈产业转型升级、交通一体构建、设施共建共享、旅游资源整合和生态环境共保。为促进都市圈跨省际协调，编制了《江苏临沪地区跨界协调规划研究》，对临沪地区的交通、生态、设施等规划进行了跨界衔接。

南京都市圈城镇空间结构规划图

徐州都市圈城镇空间结构规划图

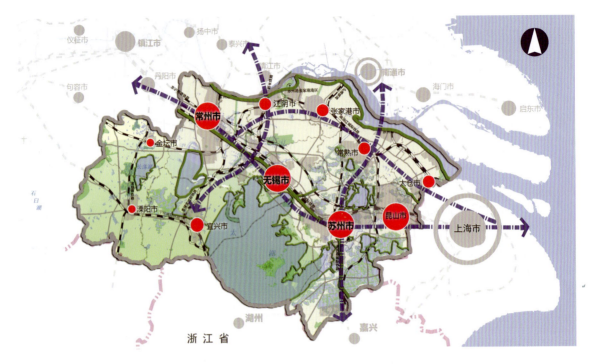

苏锡常都市圈城镇空间结构规划图

3. 带轴地区规划

以省域城镇体系规划为依据，编制了《江苏省沿江城市带规划》《江苏省沿海城镇带规划》《江苏省沿江风光带规划》《江苏省沿江城际轨道交通线网规划》，引导带轴地区城镇集聚、基础设施布局和生态空间保护。

针对江苏沿江城市带高密度和龙头引领的特征，建设沿江城市带，积极推进该地区转型发展、创新发展，促进跨江融合发展，建设长三角世界级城市群的北翼核心区和具有国际竞争力的都市连绵地区，巩固提升江苏沿江地区在长江经济带建设中的重要地位。

江苏沿海地区是全省重要的新兴增长区，建设沿海城镇带，推进港口、产业和城镇融合发展，建设以区域中心城市为支撑，以沿海交通走廊为纽带，以临海城镇为节点的新兴城镇化地区。

沿东陇海城镇轴按照"产业带动、极核驱动、城港联动、东西互动"的规划思路，提升沿线城镇发展水平，促进地区协调发展，加快建成江苏参与"一带一路"的核心区与先导区。

沿江城市带城镇空间结构规划图

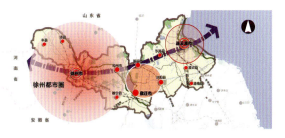

沿东陇海城镇轴城镇空间结构规划图　　　　沿海城镇轴城镇空间结构规划图

4. 特色发展地区规划

在遵循资源环境本底的基础上，依据区域发展的主体功能，编制了《苏南丘陵地区城镇体系规划（2014—2030年）》和《苏北苏中水乡地区城镇体系规划（2015—2030年）》，深入探索如何在实现区域开敞空间保护目标的前提下，走出一条与高度城镇化地区不同的特色发展路径。提出以"城镇优先、效率优先、生态优先、一三（产业）优先"的总体思路实施绿色空间战略，兼顾区域生态安全格局保育和文化休闲游憩空间建设的需要，从特色产业、特色镇村、特色交通、特色景观、特色文化等方面探索将区域开敞空间的生态环境资源优势转化为经济发展动力的模式、路径和政策，从而形成高度城镇化地区区域开敞空间的绿色发展范式。

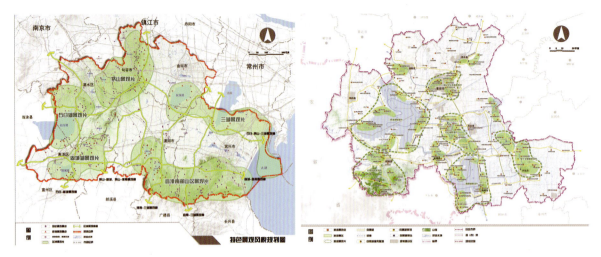

苏南丘陵地区特色景观风貌规划图　　　　苏北苏中水乡地区旅游空间规划图

5. 区域风景路规划

苏浙两省联合开展编制了《环太湖风景路规划》，推进全国首条跨省际的区域风景路建设。依托环太湖山水风光，以慢行自行车道建设为主要方式，串联区域内重要自然和人文景观资源，形成以观光、休闲、健身和游憩等活动为主要内容的慢行生态绿廊，成为优化生态格局和提升环境质量的"保护之路"，展示自然风貌和传承水乡文化的"景观之路"，促进方式转型和打造旅游品牌的"发展之路"。

为提升沿运河地区的产业结构、文化内涵和空间品质，充分发挥运河遗产资源的价值，编制《江苏省大运河风景路规划》，依托慢行道路，串联大运河沿线的各类历史文化资源，构筑贯穿江苏南北的绿色生态廊道，沿运河旅游通道布局驿站、自行车租赁点等休闲、健身、便民设施，并组织推出大运河旅游精品线路。

为保护和挖掘古黄河沿线历史文化资源，编制了《古黄河江苏段沿线风景路规划》，构建贯通城乡区域的连续性、网络状绿色开敞空间系统，融合慢行系统与生态廊道于一体，整合绿化空间的生态保护功能与区域风景路的旅游休闲功能，推动古黄河江苏段沿线区域生态建设与旅游休闲的体系化。

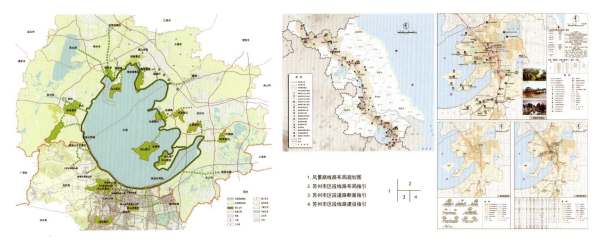

环太湖风景路线网布局图　　　　　　江苏省大运河风景路规划图

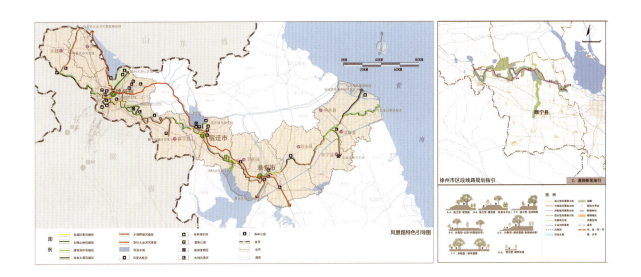

古黄河江苏段风景路特色引导图

二、优化镇村布局规划

2005 年开展的全省镇村布局规划工作,为统筹城乡基础设施和公共服务设施建设、引导农民建房和规范规划管理等提供了重要依据,较好地指导了全省镇村体系规划布局。但随着近年来经济社会快速发展和城镇化、城乡发展一体化深入推进,城乡关系和乡村发展环境发生了较大变化。为适应新形势和新要求、应对新情况和新问题,2014 年省政府办公厅印发了《关于加快优化镇村布局规划的指导意见》(苏政办发〔2014〕43 号),启动了全省优化镇村布局规划工作。

全省力争用 2 年至 3 年左右时间完成优化镇村布局规划工作。在 2014 年完成试点工作的基础上,2015 年南京、无锡、常州、镇江、扬州等 5 个设区市完成优化镇村布局规划工作,2016 年全省其他地区将全面完成优化镇村布局规划工作。截至 2015 年底,共 23 个市县完成了优化镇村布局规划工作,包括苏南苏中的 6 个设区市及所辖县(市)(南京、无锡、苏州、常州、镇江和扬州)和 3 个苏中、苏北县(市)(如皋、沭阳和阜宁)。

优化镇村布局规划是在现状分析与上轮规划实施评估的基础上,对自然村庄进行分类,合理确定规划发展村庄,明确乡村发展的空间载体。提出差别化的建设引导要求,明确配套设施建设标准,为加快农业现代化进程、推进乡村集约建设、引导公共资源配置和公共财政投向、促进城乡基本公共服务均等化提供规划依据。

各地根据省政府的部署,并结合本地经济社会发展阶段和现状基础条件,因地制宜制定了相应的工作组织方案,细化了技术要求,不少地方按重点村、特色村、一般村的分类开展了配套政策的研究工作,如南京市、苏州市、无锡市、常州金坛区、扬中市等城市结合优化镇村布局规划同步开展了农民建房相关管理规定等的制定工作,对全省优化镇村布局规划工作的全面展开提供了经验借鉴。

1. 坚持试点先行

2014 年,省住房和城乡建设厅根据不同的经济发展水平、城镇化发展阶段、地形地貌特征、与总体规划修编时序对接等因素，在全省分别选取了11个市、县（市、区）作为优化镇村布局规划的工作试点，其中苏南7个（苏州市区、昆山市、常熟市、张家港市、太仓市、常州金坛区、南京高淳区）、苏中（如皋市、高邮市）与苏北（沭阳县、阜宁县）各2个。对规划编制的技术思路和方法开展了有益的探索，并于2014年底前全面完成了规划成果编制、审批和备案工作，为全省优化镇村布局规划工作的全面展开打下了良好基础，达到了试点先行的预期目的。

2. 注重重点村遴选

各地重视对乡村发展规律的研究和分析，结合本地经济社会发展实际，综合基本公共服务均等化、乡村产业发展以及社会历史文化等因素，确定规划发展村庄。对村委提出的重点村进行校核，避免重点村连片布局，提升村庄布点的经济性，更加有效引导资金投向。

优化镇村布局规划备案数据对比分析

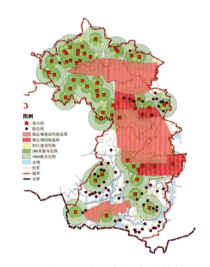

江阴市徐霞客镇重点村布局校核

3. 注重改善民生条件

各地区以基本公共服务均等化为目标，结合优化镇村布局规划工作，强化乡村地区各项基础设施和公共服务设施配置标准研究，根据当地经济社会发展状况和城镇化阶段，按照节约集约利用土地的要求，合理确定设施配置标准和空间布局，同时注重设施配套的经济性，突出重点村作为地域公共服务中心的作用。

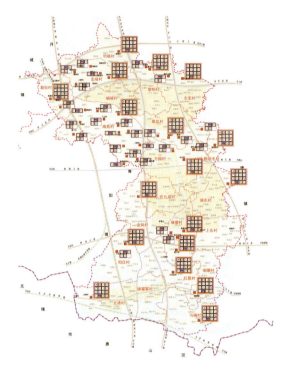

江阴市徐霞客镇公共服务设施建设引导图

4. 更加注重村庄特色保护培育

　　各地在既有村庄特色基础上，着力做好历史文化、自然景观、建筑风貌等方面的特色挖掘和培育展示，包括发展壮大特色产业、保护历史文化遗存和传统风貌、协调村庄和自然山水融合关系、塑造建筑和空间形态特色等。针对性地补充完善相关公共服务设施和基础设施。并将特色村庄分为历史文化特色型、特色产业型、自然景观型和其他特色型，深化分类引导，保护了乡土文化和乡村风貌。

特色村庄：南京市蓝溪村

特色村庄：常熟市苏家尖村

三、历史文化保护

江苏历史悠久、文化积淀丰厚，各种类型的历史文化遗存赋予了城乡丰富的内涵，塑造出多元的城乡性格，展示出不同的地域特色。江苏在经济社会协调发展、城镇化推进的背景下，高度重视保护、传承和弘扬历史文化，形成了较为完善的历史文化名城、名镇、名村相关法规制度和保护规划体系。

1. 起步率先，制度完备

2002年在全国率先出台《江苏省历史文化名城名镇保护条例》，奠定了历史文化名城、名镇保护的法制基础。随后南京、苏州、扬州、常州等地开始积极制定地方性法规，在国内无经验可借鉴的情况下，创造性地出台了一系列配套地方法规政策。2005年，《江苏省城市规划公示制度》将历史文化名城保护规划和历史文化街区保护规划列为主要公示内容；2007年，省政府转发《关于加强历史文化街区保护工作的意见》，全省的历史文化保护工作从历史文化名城、名镇的层面逐渐延伸到历史文化街区，历史文化保护工作不断深化。2008年出台了《江苏省历史文化街区保护规划编制导则》，明确历史文化街区保护规划的内容和深度要求，进一步规范历史文化街区保护规划的编制工作。2014年出台了《江苏省历史文化名村（保护）规划编制导则》，在全国率先规范了历史文化名村保护规划的编制工作。江苏已形成完整的历史文化名城—名镇—名村（保护区）—街区保护体系和制度体系。

2. 规划引导，体系完善

实现保护规划全覆盖。江苏重视以规划引导历史遗存的科学保护，构建了从专项规划到详细规划的保护规划框架，依法组织推进了历史文化名城、名镇、名村、历史文化街区的各类保护规划编制。目前，全省所有历史文化名城、名镇、名村已完成保护规划，90多处历史文化街区保护规划大半也已编制完成，实现了多层次保护规划的全覆盖。

指导保护规划科学编制。为规范历史文化保护规划的编制，提高规划质量，江苏省在全国率先出台了《江苏省历史文化街区保护规划编制导则》《江苏省历史文化名村（保护）规划编制导则》等一系列技术文件。指导各地以保护真实载体、统筹历史环境、合理利用、永续利用为原则，加强对遗存整体格局和风貌的保护、人居环境的改善和物质遗存的创新利用。

3. 理念领先，成效显著

古城保护与新区建设的有机结合。保护老城、开辟新区，逐步拉开城市格局，减轻古城压力，是协调古城保护与经济发展的重要抉择。苏州是国内采用这种保护方式、取得良好保护效果的典范，作为第一批国家历史文化名城，自1986年提出"全面保护古城风貌"以来，始终秉承"保护老城，发展新区"的城市发展战略，古城风貌得以完整的保护。

城市格局和特色风貌的整体保护。应对经济发展、城市建设的冲击，江苏重视历史文化城镇的历史格局和传统风貌的整体保护。南京抓住城市山、水、城、林交融一体的特点，通过历史轴线、河湖水系、传统街巷、绿地系统、文化廊道等将分散的空间资源组织成网络空间结构，整体保护和展现南京历史文化名城的空间特色及环境风貌。

小规模渐进式的有机更新。历史文化街区是历史文化名城保护的重点和难点，为避免街区整治过程中大拆大建历史遗存，江苏探索实践了小规模、渐进式的有机更新模式，重视改善基础设施，提高生活质量，保护居民利益，保持社区活力，保证街区的可持续发展。扬州东关街、镇江西津渡等历史文化街区按照小规模、渐进式的整治模式，在遗存和风貌保护、产业培育、设施改善、人居环境提升等方面成效明显。

经过30年的保护历程，全省的历史文化保护工作取得丰硕的成果。1997年、2003年，苏州园林和南京明孝陵分别入选世界文化遗产名录；2001年，镇江西津渡获联合国教科文组织亚太文化遗产优秀奖；2001年，周庄、同里、甪直、千灯、锦溪、沙溪六镇获联合国教科文组织亚太地区遗产保护杰出成就奖；2004年，南京明城墙风光带规划与实施工程获得中国人居环境范例奖；2006年，扬州获联合国人居环境奖；2008年，南京秦淮河环境整治工程获联合国人居奖特别荣誉奖。

国家历史文化名城：苏州

中国历史文化名镇：苏州同里镇

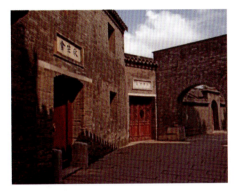
省级历史文化街区：镇江市西津渡

中国历史文化名村：南京漆桥村

中国传统村落：郑陆镇焦溪村

中国传统村落：古里镇李市村

四、城市环境综合整治

从 2011 年起,全省启动实施"美好城乡行动计划",并先期启动村庄环境整治工作,直接改善了村庄面貌和人居环境,受到广大农民群众的普遍欢迎。2013 年全国"两会"期间,习近平总书记在参加江苏代表团审议时,对江苏工作提出了"深化产业结构调整、积极稳妥推进城镇化、扎实推进生态文明建设"的三项新要求。省委省政府认真贯彻落实习总书记的重要讲话精神,将三项要求具体化为十项工作举措,城乡环境综合整治为十项举措之一。

为切实抓好城市环境综合整治工作,省政府组织开展专题调研,省住房和城乡建设厅调查走访,根据城市管理突出问题的群众满意度调查结果,结合数字化城管系统的运行数据,以及"市民反映的十大城市管理热点难点问题"的专题调查情况,经省政府常务会议研究确定,省政府办公厅印发了《江苏省城市环境综合整治行动实施方案》。从 2013 年起,利用三年左右的时间,在全省县以上城市建成区开展以"九整治、三规范、一提升"为主要内容的城市环境综合整治"931"行动,即:整治城郊结合部、城中村、棚户区、老旧小区、背街小巷、城市河道、低洼易淹易涝片区、农贸市场、建设工地等 9 个薄弱地段,规范占道经营、车辆停放和户外广告设置等 3 个突出问题,提升城市长效管理水平。

整治过程中,全省把城市环境综合整治与改善人居环境、增进民生幸福相结合,与推进城镇化、促进城乡发展一体化相结合,与保护生态环境、提升生态文明水平相结合,注重因地制宜,坚持多措并举,综合采取改造、改善、提升和规范等措施,严防大拆大建和形式主义,积极稳妥、平稳有序地推进城市环境综合整治工作。省、市、县(市)三级都组建了由政府领导亲自挂帅的城市环境综合整治工作推进(领导)小组,成立整治办,其中省整治办设在省住房和城乡建设厅。全省推行"整治目标化、目标项目化、项目工程化"的工作思路,层层签订目标责任书,落实分级负责、分层推进的工作机制,执行"月报告、季检查、年考核"和定期例会、督查暗访的工作制度,落实"一项一档"管理、市民参与验收的工作要求。省级财政落实以奖代补资金支持政策,三年共安排 15 亿元进行奖补。省印发《城市环境综合整治三年整治规划编制要求》,制定城市环境综合整治年度考核办法,开发并推广使用省城市环境综合整治信息管理系统,研究编制《城市环境综合整治技术指南》,对指导、规范全省城市环境综合整治起到了积极推动和技术支持作用。同时,充分挖掘并积极推广特色亮点和经验举措,培育了一批深受群众欢迎的典型项目。

截至2015年底,全省共解决1131个城中村、608个棚户区和1346个老旧小区等居住区的道路破损、排水不畅、环境脏乱等问题,约1000万居民因此直接受益;整治背街小巷2566条、农贸市场747个、城郊结合部777个,乱堆乱放、乱拉乱挂、乱搭乱建、乱设广告、乱设摊点,以及部分基础设施配套不完善等问题得到有效整治;956条城市河道的整体环境得到改善,河水黑臭现象得到消除;整治低洼易淹易涝片区1.5万公顷,约683个片区告别淹涝历史。全省新增公共停车泊位40多万个,全省13个设区市市区和10个县(市)建成运行公共自行车服务系统,有效解决了城市交通的"最后一公里"问题。清理整治违规户外广告近4万处,有效优化了城市空间秩序。合理布点建设经营疏导点61万平方米,新增摊位3.9万个,既解决了一大批困难或下岗人员就业问题,又规范了市容秩序,方便了市民群众。城市环境综合整治工作已成为群众期盼改善生活环境与政府推进民生实事的结合点,群众综合满意率达85%以上,赢得社会各界高度评价和城乡居民衷心拥护,取得了良好的社会效益、经济效益和环境效益。

镇江市南山北入口城中村整治前后

南通市海安老旧小区整治前后

宿迁市万福隆农贸市场整治前后

连云港市民主中路整治前后

五、村庄环境整治

作为东部沿海发达省份之一，江苏在推进城乡发展一体化方面先行先试。2011年，省委省政府将城乡发展一体化深化完善为城乡规划、产业发展、基础设施、公共服务、就业社保和社会管理"六个一体化"，提出规划科学引领、统筹城乡产业布局、推进城乡基本公共服务均等化、加快城乡基础设施联通等方面的城乡一体化要求。同年9月，省委省政府明确"十二五"期间全面实施以村庄环境整治行动为重点的"美好城乡建设行动"，把村庄环境整治工作作为推进城乡发展一体化的重要切入点和突破口，作为造福百姓的民生工程和民心工程，全力予以推进，争取用3至5年时间全面完成全省近20万个自然村的环境整治任务，加快改善农村生产生活生态条件，打造农民幸福生活的美好家园，努力成为江苏乡村践行"美丽中国"的生动实践。

依据镇村布局规划，村庄环境整治坚持分类整治，规划发展村庄突出抓好"六整治""六提升"，重点整治生活垃圾、生活污水、乱堆乱放、工业污染、农业废弃物、河道沟塘，着力提升公共配套、绿化美化、饮用水安全保障、道路通达、建筑风格特色化及村庄环境管理水平，达到"康居乡村"标准；其他一般自然村庄结合实际，突出"三整治、一保障"，重点实施生活垃圾、乱堆乱放、河道沟塘等环境卫生整治，保障农民群众基本生活需求，达到"环境整洁村"标准。

村庄环境整治实施以来，全省各地周密部署、扎实推进。在具体工作过程中，重点从以下几个方面入手：一是尊重民意、以人为本。为使村庄环境整治切合乡村实际、反映农民意愿，从乡村调查入手，组织开展江苏乡村人居环境改善农民意愿调查，全面了解农民意愿，确定整治重点，不搞大拆大建，突出在原有村庄形态上改善农民生活条件，优先解决农民群众反映最强烈、需求最迫切的项目。二是政策保障、统筹推进。省委省政府将"村庄环境整治达标率"列入江苏"全面建成小康社会"和"基本实现现代化"指标考核体系，成立由18个部门和单位组成的省村庄环境整治推进工作领导小组。为统筹推进村庄环境整治，省财政在落实专项引导资金的基础上，下发了《省级农村环境综合整治专项资金整合方案》，将9类涉农资金进行有效整治,省委农工办、省环保厅等各成员单位密切配合,主动将各类涉农项目资源向列入整治名录的村庄倾斜。省住房和城乡建设厅作为领导小组办公室主任单位,建立了"分片指导、一对一联系"的工作推进机制,制定了《村庄环境整治标准》《考核评分办法》《全域考核验收办法》等文件,强化月度督查、不定期暗访、季度通报、年度考核。三是规划先行、技术支撑。为强化规划引领作用,组织编制了《江苏村庄环境整治五年规划及实施方案》。为指导各地准确把握整治要求、提升整治工作水平,编印了 2.5 万册《村庄环境整治技术指引》及其续本、技术指导和《村庄环境整治 60 问》,免费发放至所有行政村;聘请 14 位江苏省首批设计大师作为技术负责人,组织百家骨干规划设计单位对各县(市、区)进行对口技术支持。四是因村制宜、彰显特色。为防止乡村"同质化、均一化",强调"城乡空间特色的差异化",不搞"一刀切"。按照"古村保护型、人文特色型、自然生态型、现代社区型、整治改善型"等不同类型,因村制宜、分类施策,努力做到乡土、自然、有机、多样,将"乡愁"记忆的保护落到实处。五是加强引导、注重长效。采取群众喜闻乐见的形式,编印宣传海报、设立"村庄环境整治"专栏,并借助各类媒介和社会知名人士,开展村庄环境整治公益宣传,及时报道整治进展情况,生动展示实际整治成效。

通过近五年的持续努力,村庄环境整治取得了显著成效。截至 2015 年底,全省完成 18.9 万个自然村整治任务,环境整治覆盖城镇建成区以外的所有自然村庄,建成了 1300 多个"环境优美、生态宜居、设施配套、特色鲜明"的省级三星级康居乡村。作为全国覆盖面最广的专项行动,村庄环境整治取得了超出预期的环境、经济、社会、文化等综合效益,得到了社会各界的高度评价。"村庄环境整治苏南实践"获得 2014 年度"中国人居环境范例奖","江苏省村庄环境改善与复兴项目"被"亚洲银行东亚可持续发展知识分享中心"评为 2014 年度"最佳实践案例"。在 2015 年江苏省生态文明建设百姓满意度调查中,生活垃圾收运处理、村庄环境整治满意率分别达到 89% 和 88.8%,分别较 2014 年上升 1.7 和 3.1 个百分点,居各项调查结果前列。

太仓市浮桥镇协心村整治效果

无锡市锡山区锡北镇斗山村陆家水渠整治效果

南京市江宁区横溪街道石塘社区整治效果

六、绿色建筑与建筑节能

江苏省多年来坚持把推进建筑节能、发展绿色建筑作为节能减排的重点任务,从单项节能工程示范到节能区域示范、从技术理论研究到系统开展实践、从政府引领到市场化推动,采取了一系列政策措施,探索出一条务实的建筑节能、绿色建筑发展之路,通过坚持不懈地努力,江苏取得了节能建筑规模全国最大、绿色建筑数量全国最多、可再生能源建筑一体化应用全国领先,绿色生态城区建设示范全省覆盖、全国最多的优异成绩。

1. 加强行政推动

省委省政府高度重视建筑节能和绿色建筑发展,2007—2011 年,省委省政府先后召开 4 次工作会议,对建筑节能、绿色建筑工作作出重要部署,建筑节能与绿色建筑由部门号召性工作上升为政府的重点工作。

2009 年出台《江苏省建筑节能管理办法》,标志着江苏在依法推进建筑节能方面迈出了新的重要步伐。在《省政府关于印发江苏省应对气候变化方案的通知》(苏政发〔2009〕124 号)中,要求全面发展节能建筑,大力发展绿色建筑、生态建筑。在《省政府办公厅转发省住房和城乡建设厅关于推进节约型城乡建设工作意见的通知》(苏政办发〔2009〕128 号)中,明确提出发展绿色建筑。

2011 年《江苏省"十二五"建筑节能规划》进一步明确了建筑节能和绿色建筑发展的相关目标和重点任务。

2012 年,省财政厅、省住房和城乡建设厅联合出台《关于推进全省绿色建筑发展的通知》(苏财建〔2012〕372 号),进一步明确了绿色建筑的发展目标、扶持政策和保障措施。通知明确了"十二五"全省绿色建筑的发展目标,要求自 2013 年起,全省新建保障性住房、省级建筑节能与绿色建筑示范区中的新建项目、各类政府投资的公益性建筑全面按绿色建筑标准设计建造,并明确了绿色建筑标识项目的奖励标准。

2013 年,省政府办公厅出台《江苏省绿色建筑行动实施方案》,进一步明确了绿色建筑发展目标、主要任务和保障措施，为绿色建筑发展打开了绿色通道。

2014年省人大将《江苏省绿色建筑发展条例》列入立法计划，省住房和城乡建设厅会同省政府法制办开展了条例起草工作。发布《江苏省居住建筑热环境和节能设计标准》和《江苏省绿色建筑设计标准》，自2015年1月1日起施行，居住建筑节能标准全面提升至节能65%，全面实施绿色建筑。

2. 强化政策激励

2008年，在省财政厅的大力支持下，省财政厅、省住房和城乡建设厅共同设立了省级建筑节能专项引导资金，用于推动新建建筑节能、绿色建筑、既有建筑节能改造、可再生能源建筑应用和绿色生态城区建设。通过项目示范和区域实践，形成了一条适宜江苏的技术路线和一套行之有效的推进机制，极大地推动了全省建筑节能和绿色建筑的发展。

3. 加强技术支撑

在推进建筑节能和绿色建筑发展过程中，始终注重技术支撑能力建设，科技支撑能力显著提升，先后确立了《江苏省建筑节能技术路线研究》等百余项省级科研项目，支持高校、企业对绿色建筑发展中的关键技术问题进行研究，并取得了诸多重大成果，为制定技术政策及标准提供了科学、合理的基础研究。"现代预应力混凝土结构关键技术创新与应用"等15个项目获得国家技术发明和科技进步奖；"长江流域可再生能源在建筑中应用规划研究"等60个项目获华夏建设科技奖；"南京禄口国际机场二期建设工程2号航站楼及停车楼"等28个项目获得全国绿色建筑创新奖。此外还获得省科技进步奖22项、省建设科技成果（奖）107项、省绿色建筑创新奖31项。

开展了《江苏省绿色建筑技术标准体系》研究，编制完善了《江苏省绿色建筑设计标准》《江苏省居住建筑热环境和节能设计标准（65%节能标准）》等65项建筑节能与绿色建筑方面的地方标准。指导适宜技术推广应用，发布了《江苏省绿色建筑技术指南》《江苏省建筑节能与示范工程重点技术（产品）推广目录》《江苏省工业化建筑技术导则》等技术应用指南，针对标准化外窗、高强钢筋等技术应用出台了规范性文件和技术标准。

4. 注重宣传培训

为普及建筑节能和绿色建筑知识、提高社会参与度，开展形式多样的培训宣传活动。定期组织《江苏省建筑节能管理办法》《绿色建筑评价标准》等法规和标准学习。省政府召开了绿色建筑行动实施方案等新闻发布会，连续举办7届江苏国际绿色建筑大会（论坛）。2013年，建立了全国首个也是唯一的"住房城乡建设部绿色建筑和生态智慧城区展示教育基地"，免费向社会公众开放。

利用部省共建、国内外交流合作的平台，积极引入国内外先进的技术力量和资源条件，与德国能源署、法国建科院、瑞典清洁技术中心、丹麦绿色建筑机构建立了定期交流制度，通过定期开展技术交流培训、共同打造示范项目、共建科技交流平台等开展合作。

西堤国际雨水利用

扬州阳光美第太阳能

全省建筑节能现场会

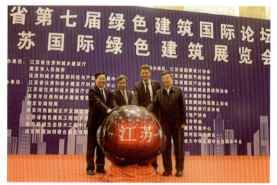

江苏省第七届绿色建筑国际论坛

七、城乡统筹区域供水

按照江苏快速城镇化、工业化的发展要求，同时根据江苏地区人口密集、地势平坦等特点，为从根本上解决城乡居民饮用水安全问题，江苏于 2000 年在全国率先提出城乡统筹区域供水思路，经过 15 年的积极推进，全省城乡统筹区域供水取得明显成效。截至 2014 年底，全省累计投入约 470 亿元，城乡统筹区域供水乡镇覆盖率达 88%，苏锡常、宁镇扬泰通地区已基本实现全覆盖，苏北地区乡镇覆盖率达到 74%。城乡供水总服务人口约 6827 万人，其中，城市供水服务人口约 2978 万人，城乡统筹区域供水通水乡镇和农村受益人口约 3849 万人。

目前，苏锡常、宁镇扬泰通地区在实现城乡供水一体化的基础上，大力提升"同服务"水平。苏北地区正按照农村饮水安全工程与城乡统筹区域供水同步实施的要求，加快推进城乡统筹区域供水主干管网和进村入户管的建设，加大乡镇小水厂关停整合力度。

1. 将城乡统筹区域供水纳入法制化轨道

2000 年，省人大常委会颁布了《关于在苏锡常地区限期禁止开采地下水的决定》，要求各地根据区域供水实施进度，按照"水到井封"的原则，积极做好地下水超采区、水质咸化区的深井封填和乡镇小水厂的关闭工作。2010 年颁布的《江苏省城乡供水管理条例》将城乡统筹区域供水纳入法制化轨道，明确要求推进农村与城市同水源、同管网、同水质，实现城乡一体化供水，为城乡统筹区域供水在全省范围的快速推进提供了法律基础。

2. 以科学规划引导推进城乡统筹区域供水

按照"科学规划、统筹安排、分类指导、有序推进"的原则，省住房和城乡建设厅先后组织编制了《苏锡常地区区域供水规划》《宁镇扬泰通地区区域供水规划》和《苏北地区区域供水规划》，经专家论证、并广泛征求省有关部门、地方政府和公众意见后，由省政府批准实施。三大规划基本覆盖了全省，且均由省政府批准实施，保证了其科学性、严肃性和可操作性。

3. 加大省级政策支持力度

省政府设立江苏省城镇基础设施建设引导资金，对区域供水工程建设项目实行"以奖代补"，并逐年提高补助比例，尤其是苏北地区，从2007年的9%提高到40%；自设立"以奖代补"资金以来，全省共下达补助资金43.78亿元，有效缓解资金筹措的压力。

4. 多渠道筹措建设资金

在用足用好优惠政策的基础上，全省各地多渠道筹资，广泛吸纳包括外资和社会资本在内的各种资金，以期建立行之有效的资金筹措机制。目前采取的筹资方式主要有政府财政投入、向国内外政府或银行申请贷款、供水企业自筹等形式。全省累计投入区域供水建设资金约500亿元，其中，国家财政占3%，省财政占5%，地方财政占15%，银行贷款占44%、企业自筹占33%。

5. 加强农村饮水安全工程与城乡统筹区域供水工程同步实施

省水利厅、省住房和城乡建设厅、省财政厅与各地政府签订同步实施责任状，督促区域供水已覆盖地区重点做好进村入户、提升服务质量工作，扩大城乡统筹区域供水的服务人口；未覆盖地区重点加快达镇主干管的敷设，确保目标任务顺利完成。

6. 全力构建供水安全保障体系

城乡统筹区域供水的实施，对供水的安全性、可靠性提出了新的更高要求。根据《省政府办公厅关于加强城市基础设施建设的实施意见》（苏政办发〔2014〕52号）及《省政府办公厅关于切实加强城市供水安全保障工作的通知》（苏政办发〔2014〕55号）要求，着力构建"水源达标、备用水源、深度处理、严密检测、预警应急"的城市供水安全保障体系，积极推进城市供水系统应急处理和深度处理改造、应急备用水源建设和水质检测实验室能力建设。

泗阳二水厂

泗阳自来水厂

淮阴区区域供水管网铺设

淮安区区域供水管网铺设

八、污水治理建制镇全覆盖

截至 2014 年底,全省建制镇污水处理设施覆盖率达 83%,完成省政府制定的"建制镇污水处理设施覆盖率达 80%"的年度目标任务,其中,苏南、苏中、苏北地区覆盖率分别为 98%、94% 和 77%。苏南、苏中地区,以及苏北地区的淮安市、徐州市建制镇污水处理设施覆盖率达 90% 以上,实现了基本全覆盖。2011—2014 年,全省共新增建制镇污水处理设施 386 座,新增规模 117 万立方米／日,新建污水管网 6100 公里。

1. 坚持规划引导,科学推进建制镇污水处理设施建设

为加快推进全省建制镇污水处理设施建设,省政府印发了《关于进一步加强建制镇污水处理设施建设的意见》(苏政发〔2012〕73 号),明确要求各地按照"统一规划布局、统一实施建设、统一组织运营、统一政府监管"的"四统一"模式,科学推进建制镇污水处理设施建设。同时,还组织编制了《江苏省建制镇污水处理设施全覆盖规划(2011—2015)》,经省政府同意,会同省发改委、环保厅将规划印发实施,指导各地以规划为依据,科学制定建设计划,有序推进建制镇污水处理厂和污水收集管网建设。

2. 加强督促指导,严格工程实施管理

指导各地建立专门机构,充实工作力量,按照"四统一"的工作模式,实事求是确定污水处理设施具体排放标准和工艺路线,科学统筹推进建制镇污水处理设施建设。定期开展监督检查,督促各地强化工程实施管理,严格实施基本建设程序,切实加强工程质量监督管理。建立定期报告和定期通报制度,每年对建制镇污水处理设施建设和运行情况进行通报。同时,坚持将公共财政资金补助与工程质量和进度相挂钩的原则,规范项目建设。

3. 多元筹集资金,加快行业体制机制创新步伐

坚持政府投入和社会融资相结合,指导各地采取 BOT、TOT 和 BT 等投融资模式,充分吸

收社会资本投资建设和运营建制镇污水处理设施。同时，充分利用中央和省级财政的"以奖代补"政策，积极会商省财政厅设立专项资金，并提高资金补助比例，2011—2014年，中央、省级财政分别下达苏中、苏北地区补助资金4.6亿元、7.2亿元。

4. 强化污水处理设施运营管理

一是督促苏中、苏北地区加快完善统一运营监管机制，建立以城带乡的工作模式，努力提高建制镇污水处理设施运行管理水平。二是坚持城镇污水处理厂建设运行管理信息报告制度，规范污水处理企业的运营行为。三是组织编制了《江苏省城镇污水处理厂运行管理考核标准》，定期组织专家对建制镇污水处理设施建设和运行提供技术指导，加强设施运营监管，进一步提高建制镇污水处理水平。四是举办污水处理厂关键岗位技术培训班，着力提高从业人员素质。

建制镇污水处理厂

九、城乡垃圾统筹与无害化处理

全省围绕生态文明建设和新型城镇化、城乡一体化的工作部署,夯实环卫行业管理基础,完善环卫事业管理体系,加快生活垃圾无害化处理设施和环卫公共设施建设,完善城乡统筹生活垃圾收运处理体系。强化立法和制度化建设,推动餐厨废弃物、建筑垃圾的无害化处理和资源化利用工作,推行环卫作业市场化,加强无害化处理设施运行监管,城市环境显著改善。

1. 逐步健全法规及标准体系

江苏省已颁布实施《江苏省餐厨废弃物管理办法》。各地陆续颁布了关于垃圾处理、环卫保洁、建筑垃圾运输处置、餐厨废弃物处理等规章制度,不断完善市容环卫管理法规体系,保障环卫从业人员职工权益,促进环卫行业的健康发展。加强对全省垃圾无害化处理设施建设的指导与运行监管,持续组织开展对全省垃圾焚烧厂和填埋场的无害化等级评定工作,印发了江苏省《生活垃圾卫生填埋场运行监管标准》和《生活垃圾焚烧厂运行监管标准》。

2. 进一步完善垃圾收运体系

全省根据省情和现有的行政管理体制,在全国率先推行"组保洁、村收集、镇转运、市县集中处理"的城乡生活垃圾一体化收集处理模式,积极推进垃圾处理设施建设和区域共建共享。目前全省垃圾转运体系建设在县以上城市建成区已基本实现全覆盖。会同省地矿局开展"江苏省生活垃圾填埋场地址环境影响研究",推动垃圾填埋场的规范化封场与生态修复,积极探索实施垃圾填埋场"全寿命"周期管理,结合光伏发电、沼气发电等项目建设,实现垃圾填埋场土地资源的可持续利用,生活垃圾减量化、资源化、无害化水平不断提高。

3. 大力推进垃圾焚烧处理

建立完善"组保洁、村收集、镇转运、市县集中处理"的城乡生活垃圾统筹处理体系，生活垃圾无害化处理设施中填埋比例逐渐下降，焚烧厂数量和处理能力持续上升，垃圾焚烧处理已成为全省生活垃圾减量化、资源化、无害化的主要手段。全省形成了"苏南和苏中地区以焚烧为主、填埋为辅，苏北地区由填埋快速向焚烧发展"的生活垃圾处理格局，城乡生活垃圾无害化处理水平继续保持全国领先。

4. 稳步推进生活垃圾分类

全省各地按照"近期大分流、远期细分流"的垃圾分类工作思路，根据本地区生活垃圾特性、处理方式和管理水平，科学制定分类办法，加强对建筑垃圾、餐厨废弃物、有毒有害垃圾、园林绿化垃圾等垃圾进行大分流和处置，同时着手对居民生活垃圾进行细分类工作。

5. 推进餐厨废弃物处理与资源化利用

省政府颁布了《江苏省餐厨废弃物管理办法》，省住房和城乡建设厅编制了《江苏省餐厨废弃物处理规划》和相关规划编制纲要，苏州、常州、徐州、镇江、扬州等市被列为全国餐厨垃圾处理试点城市。

餐厨垃圾收运

垃圾分类收集亭

垃圾焚烧厂

再生资源流动回收车

垃圾分类宣传

电池集中处理